湛庐CHEERS

与最聪明的人共同进化

HERE COMES EVERYBODY

在哈佛看美国

An economist's view

一位经济学家的观察与思考

李井奎 著

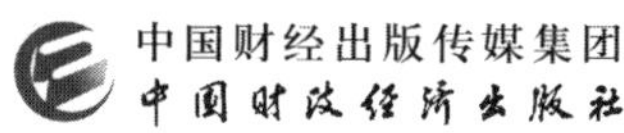

2020 年对全世界来说都是个黑天鹅，本书作者当时正好在哈佛大学访学，通过自身的观察把他对美国社会的感受表达了出来。无疑，独特的经历和经济学科的视野，让本书为中国读者提供了一个非常有价值的理解美国的视角。作者文笔极佳，叙事颇有代入感，使得本书不仅富有思想深度，又具有很强的可读性。

——史晋川

经济学家，浙江大学文科资深教授

大疫能帮助我们更透彻地看到一个社会的底色。作者在本书中十分冷静地重新审视了美国社会、美国历史和一代人心中的美国印象。

这种着眼当下、超越现在的思考一定会裨益于未来。

——刘守英

经济学家，中国人民大学经济学院院长

在疫情冲击与大选喧嚣之际，李井奎教授身居美国，以经济学的逻辑和对美国历史、文化与政治的深刻理解，向读者展示、剖析了当今美国的各种社会现象。作者对美国社会问题细致入微的观察和思考，对于没有机会亲临美国、阅读美国的读者而言，既有光怪陆离之感，也有醍醐灌顶之震撼，更体现出一位年轻经济学家的智慧、责任与人文情怀。

——李 晓

吉林大学“匡亚明学者”卓越教授，教育部“长江学者”特聘教授

2020 年在哈佛大学访学一年，李井奎巧遇新型冠状病毒肺炎疫情。上半年的传统课程中断，让他有充裕的时间与心情，逛遍大波士顿的景观，也浏览了哈佛大学惊人的图书馆与博物馆。疫情反而是难得的体验，让他独享宽敞的法学院图书馆。30 年前，我也在哈佛大学待了一年，也完成一本书稿，对井奎的心境与雀跃感同身受。这一年是我们学术生涯的转折，只是差了一个世代。他的朝气让我感受到岁月的巨轮，他正在奋力奔进，而我已在“沉思往事立残阳，当时只道是寻常”。期盼井奎范例，能启发更多的学界生力军。

——赖建诚

经济思想史学者，中国台湾新竹清华大学经济系荣休教授

非常之时，非常之地，一个中国经济学人的美国观察：独立、专业、理性，且不乏热情与关切。 透过其笔端，读者不仅能领略作者分析问题的客观和冷静，也能感受到其悲天悯人的情怀。

——梁治平

法学家，中国艺术研究院中国文化研究所研究员

在灾难当中，有时候最能看清楚一个国家的运行机制。作者在疫情这样的大环境下，虽然被“封锁”在美国，但也给他提供了冷眼看世界的机会。结合美国上下几百年的历史，作者以专业且独特的视角，向我们展现了一幅真实的画卷，值得一读。

——董保华

劳动法学家，华东师范大学法学院教授

因女儿在美国留学，毕业后留在美国工作，所以我这几年常去美国。时间短则数周，长则数月，自己觉得对美国应当是比较熟悉了。但如果有人要让我用最简单的语言描述一下美国，特别是美国的社会特色，我还真感到非常困难。在读了李井奎教授的大作《在哈佛看美国》后，我发现我这个问题被解决了。李教授以亲身经历，从一个独特的视角对美国的社会特色进行了客观描述，读完这本大作，基本上就可以了解当代美国社会的主要轮廓了。

2020 年是个多事之秋，这一年里，新型冠状病毒肆虐世界，美国更是被其折腾得苦不堪言。再加黑人弗洛伊德之死在全美引发的

“黑命贵”运动，特朗普与拜登的总统选举大战，美国各种典型的社会问题在这个多事之秋几乎是全部显现了出来。李教授的这本大作，对这一年暴露的美国社会的典型问题作了非常精彩的介绍。在写作技巧上，既有宏观场面的描述，也有典型案例的介绍；既有理论层面的引经据典、旁征博引，也有具体事件的生动描述、详细介绍。读后如同亲临其境，感悟颇深。建议有兴趣了解美国社会特色的读者都能认真读一遍这本大作，尤其是对第一次去美国，或准备去美国学习、生活的人。认真读一遍这本著作，将对你更好地了解美国，适应在美国的生活提供意想不到的帮助。

——曹立人

浙江大学心理系教授、博士生导师

我读过许烺光先生的《中国人与美国人》，也读过费孝通先生的《美国人的性格》，前者是人类学家，后者是社会学家和人类学家，他们都是在中国历经战乱和坎坷之后看美国。井奎教授新作《在哈佛看美国》，是经济学家看美国，是新时代、新视角下的美国，将带给我们新的思考。

——曹正汉

社会学家，浙江大学公共管理学院教授

经济学人的眼光不总是聚焦于投入和产出的利益计算，而是清明的理性。经济理性也不只是单向度地发现“看不见的手”所具有的自发调节功能，因为“看不见的手”有时是市场，有时是更隐蔽的精神。精神可以在人的灵魂深处撑开一片明亮的天空，引领我们在迷茫、混沌、恐惧甚至绝望的时刻，具有某种理性反省的能力，接纳他人批评的气度，展开有意义的对话，从而与自身和解、与世界和解。

我特别羡慕作者在疫情大暴发时，在各种乱象丛生时，能够聆听美国伦理学家是如何讲病毒大流行背景下的伦理学的，这种伦理学不是发布道德命令，不是言不由衷地鼓动别人，而是在各种主观立场之间展开对话讨论，看究竟哪一种行为方式具有更为正当的理由。这才是激发理性的力量，是帮助我们走出撕裂与恐惧的力量，是促进社会凝聚的力量。该书的可贵之处就是以亲临现场的第一视角，观察到了在这个急剧变革且充满不确定的时刻美国的社会万象，作出了理性的分析和独到的判断，每一个读者都可以在其中发现自己感兴趣的问题。病了并不可怕，只要不拒绝医治，还有生的希望。

——邓安庆

复旦大学哲学学院教授，著名黑格尔研究专家

扫码鉴别正版图书
获取您的专属福利

他山之石，可以攻玉。

——《诗经·小雅·鹤鸣》

精英意识与社会良序

汪丁丁
经济学家，北京大学国家发展研究院教授

开篇不易，因为释题很难。井奎这本书，是他在哈佛校园访学一年的新鲜观察与切身感受。我读他写的文稿，最常想到的是普遍见于人类社会的“精英失灵”现象。事实上，井奎记述的美国社会状况，必须置于弗兰克·奈特（Frank Knight）“社会过程”学说的视角下才可能获得对于“社会良序”的深层理解。

2004 年，我第一次解释“精英意识”为何与“精英”有本质差异，似乎并不顺利。于是，2007 年，我在《IT 经理世界》专栏里撰文“什么是精英意识”，给出了更完整的解释。2014 年，我与周濂在他主持的《东方早报》“思想评论”（周刊）栏目有过一次冗长的对话，分三篇刊发。其中第三篇，财新网2014年8月14日转发时所拟的标题是“涌现秩序和社会公正——与周濂对话（三）”，以最长的篇幅，将“精英意识”与“精英”的区分嵌入奈特的“社会过程”学说（详见我的《新政治经济学讲义》），旨在引出任何社会都必须持续求解的“精英失灵”问题。那篇长文，我现抄录一段对诸友理解我这篇序言具有根本重要性的文字：

> 不论如何，一个社会的精英不失灵，需要同时满足三项条件：其一是保持对重要问题的敏感性；其二是有能力通过对话达成共识，不必达成全体一致的同意，此处共识的程度旨在动员足够的政治资源以求解达成共识的基本问题；其三是求解基本问题确实缓解或改善了社会状况而不致发生社会革命。反之，若上述三项条件的任何一项不能保持，就是精英失灵了。可见精英不失灵是很难的，于是要有足够高的纵向流动性。测度一个社会的纵向流动性，我们主要考察它的下层成员向上层流动的速度和规模。40多年前，诺贝尔经济学奖得主肯尼斯·阿罗（Kenneth Arrow）出版过一本关于组织及其限度的文集，他在书中提出了一项原理或任何社会组织的基本问题。我大致概括阿罗提出的这一原理，可列出三项命题：其一，任何组织必有科层结构；其二，科层结构较低层次的成员拥有较丰富的信息，而较高层次的成员拥有较大的决策权；其三，存在最佳的科

层结构使得信息因自下而上流动而失真导致的成本，与决策因自上而下传递而导致的执行成本，两者在边际上相等。我常说，阿罗的贡献绝非若干次诺贝尔奖可以覆盖的。刚才介绍的这一原理，值得单独颁发诺贝尔奖，姑且称之为组织学基本定理。在转型期社会，精英很容易失灵。根据阿罗组织学基本定理，我们若希望中国转型期和平稳定地推进，也就是希望通过持续的改良而过渡到一个更好的稳态社会，我们就应改善社会的纵向流动性。许多处在较低层级的社会成员，因为有更丰富的信息并且对重要问题有敏感性，于是能够提出重要的问题。关键是他们的声音被遮蔽了，因为他们不是精英。这些人，我称为具有精英意识的社会成员。精英意识与话语权相匹配的人，才是精英。这是中国转型期社会最不同于西方稳态社会的，我称之为“转型期社会首要特征”的转型期性质。

在西方，英文中的“elite”（精英）是法文，源自拉丁文“eligere”（被选中的）。根据大英百科 2016 年 11 月 30 日发布的“elites”词条，精英可分为两类——政治精英与文化精英。维基百科“elite”词条的篇幅远长于大英百科，主要基于哥伦比亚大学的社会学家赖特·米尔斯（C. Wright Mills）发表于 1956 年的名作《权力精英》。与米尔斯对资本主义权力精英的这一批判强烈互补的，是哈佛大学社会学家丹尼尔·贝尔（Daniel Bell）发表于 1976 年的名作《资本主义文化矛盾》。这两位社会学家揭示的，正是被我称为社会演化基本困境的“精英失灵”现象。既然是基本困境，古今中外的人类社会演化必难回避。在中国传统里，与“精英意识”对应的是“忧患意识”。孔子《周易·系辞下》有言：“作《易》者，其有忧患乎？”

良序（well order），因为要与数学的定义相区分，故我在标题里写为“社会良序”。在英语中则不必如此，例如，戴维·米勒（David Miller）《政治哲学与幸福根基》（牛津通识读本）开篇区分“good governance”（善治）与“bad governance”（恶治）。善治，就是社会治理的良序。中国传统有“善政”之说，孔安国《尚书·大禹谟》有说：“德惟善政，政在养民。”俞可平 2014 年在《论国家治理现代化》（社会科学文献出版社出版）中论证：“善政是通向善治的关键。”中国共产党十七届五中全会报告指出：“所谓‘善政体制’趋向‘善治’，指的是要朝建设法治政府、责任政府、服务政府、透明政府和廉洁政府等五个方向努力。”中山大学何艳玲教授对俞可平教授的专访，以“中国治理之谜”为题刊于《公共管理与政策评论》2021 年第 1 期，财新网 2021 年 1 月 19 日节选转载，标题是“探寻中国治理之谜”。其中有这样一段：“我反复研读亚里士多德的著作，发现并概括出了‘亚里士多德之问’：为什么同一批人，生活在同一个地方，有时这么贫穷、有时这么富裕，有时这么野蛮、有时这么文明，有时这么专制、有时这么民主，有时这么保守、有时这么开放？亚里士多德找到了自己的答案：产生和规范权力的政治制度。为了寻找最理想的政治制度，亚里士多德晚年带领 1 000 多名学生考察了 158 个古希腊城邦，并撰写了政体考察报告，很可惜因为时代久远只留下了《雅典政制》

这本残破不全的著作。他追求的是人类最理想的政治制度。我认为，这个谜底我揭开了。在2020年第1期《北京大学学报》上，我发表了关于亚里士多德政治学的最新研究成果，我认为亚里士多德的理想政治不是君主制或贵族制，而是民主共和制。”

制度与人的行为模式，两者必须匹配。这是一项基本原理，是我几十年制度研究的心得。它在我35年前的一篇工作文稿里的最初表述是：“特定的文化土壤养育了人及制度。”2020年7月4日我的财新博客文章对它的最新表述是“制度是群体的信念表达”。令人满意的制度，核心是人而不是制度。好的制度，应维系于人的忧患意识。

有据可考，3000年世界经济史。在历史的“局外人”视角下，基于达龙·阿西莫格鲁（Daron Acemoglu）的样本，似乎有500年兴衰的周期律。人烟稀少的区域，其兴也勃焉，车水马龙，繁盛荣达；人口稠密的区域，其亡也忽焉，人去楼空，断垣残壁。阿西莫格鲁2003年撰文列出了“财富源泉得以涌流”的三项条件：其一是产权保护足够普遍；其二是精英群体足够自律；其三是纵向流动性足够高。

良治社会激活企业家潜能，这是经济发展的通例。首先是“斯密－杨格”定律，由下列环节构成良性循环：（1）劳动分工与专业化，千百倍地提高劳动生产率，称为“国民财富的源泉”；（2）分工与专业化的深度，受制于市场的广度；（3）市场的广度依赖于货币收入购买力的增长，货币购买力随劳动生产率的提高而上升。其次是“奈特－诺斯”命题：“政治的和经济的企业家精神是人类社会演化的核心驱动力。”这里，企业家精神表现为三大特征——敬业、合作、创新。

发展的关键环节是市场广度的拓展，依赖于社会成员身上蕴含着的企业家精神在多大程度上被激活。良治，能够充分激活社会成员身上蕴涵的企业家精神。阿西莫格鲁列出的三项特征可详述为：(1) 足够广泛的产权保护。在这里，受到保护的不仅限于君主和贵族的产权，还扩展至平民百姓的产权。商鞅变法，取信于民而后效。保护产权是承诺，是社会契约，非有足够广泛的信任感而不能生效。足够广泛的社会信任，固非一日之功，却可毁于一旦。人心惟危，道心惟微，这是复杂社会的通例。(2) 充分自律的精英群体——“充分自律”可定义为使足够广泛的社会成员有尚且满意的发展机会。这里，精英可定义为“对具有根本重要性的问题保持足够的敏感性，并且被社会认为是重要的故而拥有社会权力的社会成员”(详见我的《新政治经济学讲义》)。精英可能丧失对于具有根本重要性的问题的敏感性却依旧拥有社会权力，同时，未获得社会权力的社会成员可能对具有根本重要性的问题保持敏感性。这样的错位，又称为“精英错位”，常见于转型期社会，也常成为社会瓦解的主因。(3) 足够高的社会纵向流动性。这里，“足够高”的含义是：首先，精英群体能够吐故纳新，从而长期保持对具有根本重要性的问题的敏感性；其次，社会各群体不致固化为“阶级”，从而不致形成摧毁社会根基的“阶级斗争”。

哈佛大学明星教授迈克尔·桑德尔(Michael Sandel)于2020年出版的新书*The Tyranny of Merit*，中译书名“精英的傲慢”，也可译为“贤能的暴政”或“精英的暴政”。桑德尔指出，成功者与失败者之间的这种鸿沟，部分是由不平等造成的，部分与人们对于成败的态度有关。那些在社会顶层的人认为自身的成功都是自己努力的结果，而那些失败者不应归咎于任何人，只能责怪他们自己。这样的态度源自一种看似吸引人的原则——如果每个人都有平等的机会，那么成功者就应该获得奖赏，这是“优绩主义”的核心。

诺贝尔经济学奖得主加里·贝克尔（Gary Becker）晚年多次讨论（我收集了三篇不同的文稿）决定个人财富的四项因素，依重要性排序分别为：（1）随机冲击，即偶然因素的影响。我在北京大学与学生们讨论这一因素的重要性，学生们认为，越是自由市场经济，这一因素就越重要。而在中国社会，这一因素的重要性也许应该排在第四位。（2）可继承的社会关系，学生们认为这一因素在中国这样的社会最重要，应排在第一位。（3）个人禀赋，即通常所谓“聪明才智”。在美国这样的社会，这一因素的重要性排在第三位。我的学生们认为，这一因素在中国社会的重要性大致也排在第三位。（4）可利用的资本，包括教育和资金等。我的学生们认为，这一因素在中国社会的重要性应排在第二位。

托马斯·皮凯蒂（Thomas Piketty）2013 年以专著《21 世纪资本论》闻名于世，次年访问北京，接受财新记者专访时谈及如何解决当代普遍的“贫富两极化”难题，他认为累进所得税似乎是唯一的方法，同时他也指出，能够有效“均贫富”的累进税率应至少达到 65%，但缺乏现实可行性。

我受《经济学消息报》主编高小勇委托，于 1998 年与 8 位诺贝尔经济学奖得主做访谈。其中，与保罗·萨缪尔森（Paul Samuelson）的谈话最精彩，2020 年 12 月 6 日我在财新博客重发了访谈文稿，开篇为精选内容，以下是第一段。

> 萨缪尔森：这是市场经济的实质：一些人努力工作，一些人走运，而另一些人则不那么走运，还有一些人比其他人受到更高等的教育，等等。西蒙·库兹涅茨（Simon Kuznets）曾经总结过，当经济发展的时候，收入不平等程度（例如以洛仑兹曲线或基尼系数描述的）会加剧，然后，当经济发达以后，不平等程度开始降低。但是，大多数不平等程度降低的情况是与“福利国家”联系起来的，而现在西方正在转向自私自利的社会……

1992 年，中国经济还未完全苏醒。直至 2000 年，中国经济仍处在和平崛起的初期阶段。故而，今天重温萨缪尔森的预言与皮凯蒂对财新记者强调的观点——《21 世纪资本论》是对马克思《资本论》的响应，自有一番新意。

瑞·达利欧（Ray Dalio）2021 年的新书《原则：应对变化中的世界秩序》，以长期历史视角，考察 13 个帝国的兴衰周期（见图 0–1），凸显了达利欧的“中美冲突无法避免”之预言。

我注意到达利欧绘制的中国实力曲线，有三个顶峰。第一个是唐代，第二个是宋代。学界关于这两次实力顶峰，争议不大。第三个顶峰，达利欧绘制的图示表明，似乎有两个相互关联的峰值，其一在明代后期，其二在清代中期，并且在 1950 年跌到谷底。这样的判断，显然会引起很大争议。而学界关于美国实力衰退的讨论，虽未定论，也大多认可衰退之判断。

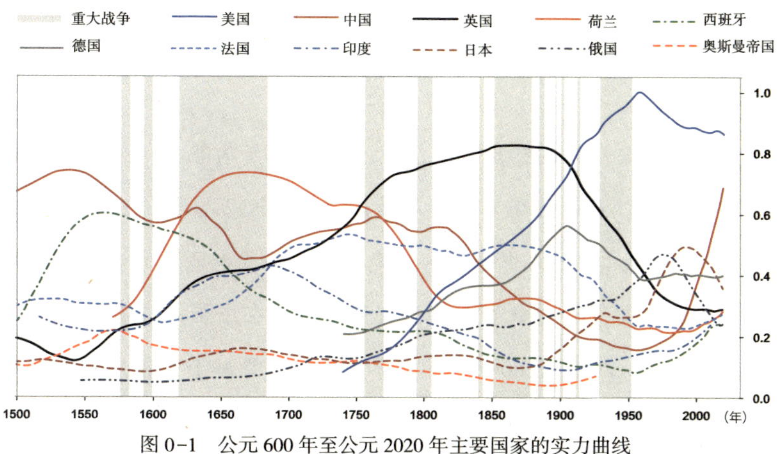

图 0-1　公元 600 年至公元 2020 年主要国家的实力曲线

图片来源：*Principles for Dealing with the Changing World Order*

在另一幅插图里，达利欧特意用圆圈标明了中国实力曲线与美国实力曲线在 2020 年的上下交汇。为强化这一预言，他在另一篇推文里提供了 2021 年新书中的另一张图片（见图 0-2），该图以八项指标体现了 1800 年至 1980 年中国实力的变化情况。

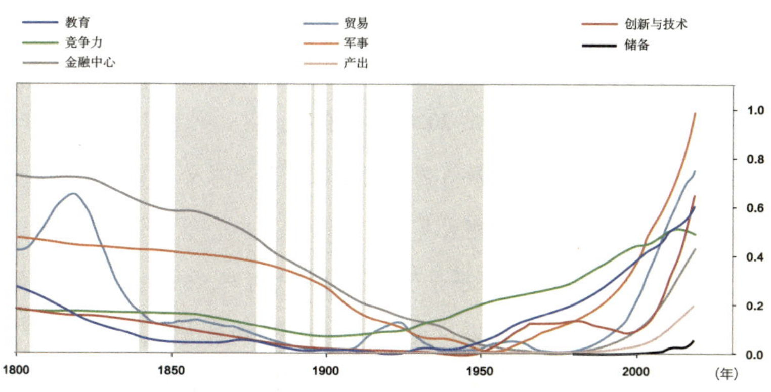

图 0-2　1800 年至 1980 年的“中国崛起”曲线

从图 0–2 所示的终点继续前行，经过 40 年的努力，2020 年中国社会有了数以百计的亿万富豪和数以万计的千万富豪，还有数千万年收入 50 万元以上的中等收入家庭。尤其是城市地区的老住户，变卖一套房产即可获得数百万元可支配收入。在中国人口各年龄群组当中，显然，20 世纪 80 年代出生的人群，因缘际会，在最好的年龄收获了邓小平时代中国经济发展最丰硕的果实。我在北京大学讲授 EMBA 课程，学生大多来自这一代群。

顺便提及，我的研究表明，根据中国人口代群的早年经历与心理结构，其实不能以诸如“80 后”和“90 后”这样简单的代群来划分，而应当以诸如“75 后”“85 后”“95 后”这样的代群来划分。井奎属于我的学生当中最优秀的那一群，他 1978 年出生，是“75 后”。与我在北京大学共同创建“法律经济学研究中心”的丁利，属于“65 后”，北大毕业即加盟中山大学法学院，10 多年来，准备以副教授终老，2020 年晋升为教授，令我喜出望外。井奎著述勤奋，若干年前晋升为浙江财经大学教授，2020 年在哈佛访学，见闻颇丰。他的这本文集，是初到美国所感最可表达的印象，而将来必有更深层的感受在适当时机涌现于他的思想世界。

我出生于 1953 年，似乎介于“45 后”代群与“55 后”代群之间，是“红色中国”的同时代人。对我少年时期影响最大的，是领导中国革命的第一代和第二代共产党人。我们这一代人的心理和思想，很大程度上必须继承20世纪“百年革命”的遗产。

回顾20世纪的“百年革命”，从晚清的革命党人彭家珍到延安的共产党人，他们为之奋斗的理想，不论有怎样千差万别的表达，能够在数百年之后凸显于历史长河的，恕我冒昧预言，仍是“争取平等”。这样的努力不仅普遍见于人类社会，而且普遍见于动物的等级社会（例如已有一亿年以上历史的龙虾社会）。虽然，人类争取平等的过程显得格外惨烈。只要存在“等级”，就有争取平等的斗争。我甚至可以说，物竞天择在种群内部的表现形式，主要就是争取平等的斗争。

维基百科中的“intelligentsia”（知识分子）词条，最新编辑于2021年4月12日，与我印象中的起源有差异。据我年轻时的印象，这一名词伴随着1825年12月14日旨在推翻沙皇统治的“十二月党人”起义，并随这些被列宁称为“贵族革命家”的流亡而汇入巴黎时尚。据维基百科，最早使用这一名词的是波兰知识分子、反抗沙俄统治的领袖人物布劳尼斯拉夫·特伦托夫斯基（Bronisław Trentowski）。继而，波兰文的单词“intelligentcja”汇入俄文，再汇入法文和英文，至今带着一个与众不同的尾缀“-sia”。不论“知识分子”这一词语起源于波兰还是俄国，它最初的含义都是“接受优良教育的人为弱势群体的平等权益而斗争”。

今天的政治哲学家更喜欢讨论“正义”，因为“平等”显得偏激，虽然平等诉求是动物的深层心理活动。据我观察，最接近社会现实的正义原则，常识性的表达是“基本的平等与可容忍的不平等”。罗尔斯正义原则，是这一常识性表述的一个版本。正义诉求的最初表达源自拉丁文的英译：to each his due（直译：给每一个人他应得的）。“his due”，意为“他应得的奖或惩”。古代社会讲奖惩天定，但人内心还有标准。天人不一，人可有正义诉求。

特定社会为满足社会成员平等诉求可能付出的代价，随核心价值观念的不同而有显著差异。斯坦福大学古代史教授伊恩·莫里斯（Ian Morris）2015 年出版了他的“文明三部曲”之三：*Foragers, Farmers, and Fossil Fuels —— How Human Values Evolve*（暂译“狩猎采集者、农夫、化石燃料——人类价值如何演化”）。他关于三大社会类型核心价值的研究表明：（1）农耕社会可容忍的不平等程度远高于工业社会；（2）狩猎采集社会可容忍的不平等程度，是三类社会当中最低的。

顺便列出莫里斯“文明三部曲”的前两部：（1）《西方将主宰多久——从历史的发展模式看世界的未来》；（2）《文明的度量——社会发展如何决定国家命运》。

我必须立即补充列出斯坦福大学另一位古代史教授沃尔特·沙伊德尔（Walter Scheidel）于 2017 年出版的著作，关于平等的长期研究结论：《不平等社会——从石器时代到 21 世纪，人类如何应对不平等》。

从图 0-3 中可以看出，自公元前 7000 年到 21 世纪，西方社会的“不平等曲线”经历了三次激烈平等时期：（1）罗马帝国衰落以及大规模瘟疫；（2）“黑死病”泛滥；（3）20 世纪 30 年代的“大萧条”。

历史经验从西方推广至世界，沙伊德尔列出了激烈平等的四大机制：（1）大规模瘟疫；（2）全面战争；（3）社会革命；（4）国家解体。

在沙伊德尔长期史视角下的这条不平等曲线，第一次激烈平等发端于罗马帝国解体，以及史称“查士丁尼瘟疫”的第一次大规模瘟疫；第二次激烈平等的直接原因，是肆虐欧洲 200 年的“黑死病”；第三次激烈平等的直接原因是 20 世纪 30 年代的“大萧条”，以及人们通常认为由此引发的第二次世界大战。

借用莫里斯的分析框架，农业社会的财富形态是土地。“黑死病”导致欧洲人口减少 1/3 ～ 2/3，土地荒芜，财富随之迅速消失。据钱穆考证，魏晋南北朝长达 400 年的混乱局面，同样导致土地荒芜，财富消失殆尽，堪称中国的“黑暗时代”。第三次激烈平等发生在工业社会里，财富的主要形态是金融。故而，第三次激烈平等，不仅彻底而且迅速。

纵观沙伊德尔这张图，最左端的时间是距今约 9000 年前，恰逢

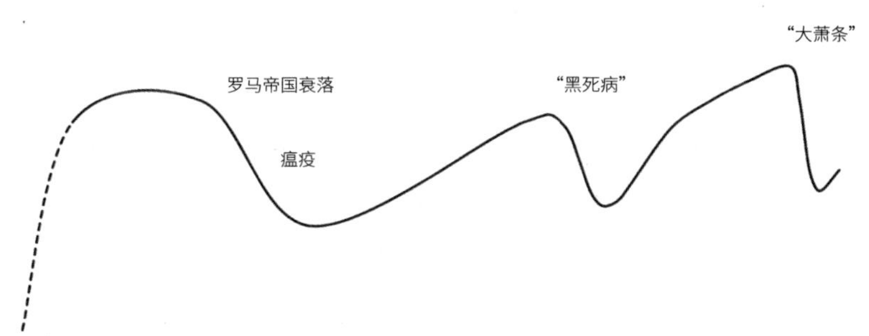

图 0–3　欧洲的长期不平等趋势

图片来源：*The Great Leveler: Violence and the History of Inequality from the Stone Age to the Twenty-First Century*

农业社会发端。有据可考的三次激烈平等，时间特征是上升缓慢而下降迅速。这个特征很符合常识：积聚财富所需的时间远长于摧毁财富所需的时间。每一次激烈平等化的时期之后，都会有一段漫长的社会经济复苏时期。也因“平等”所需的时间太短，我才用了“激烈”这一修饰语。华尔街的常识是，漫长攀升所需的时间大约是贬值至33%的水平所需时间的10倍。灾后社会财富的重新积累，大致是在类似的基础上达成的：信任，必须重建普遍的信任关系。

制度与行为，两者相辅相成、共生演化。广义而言，制度是群体行为之规约。有“天下大同”的群体行为，有“退而求小康”的群体行为，未见有悖于群体行为而能运行之制度。故而，在人类演化的目前阶段，“六亿神州尽舜尧”固不可求，遂常见与小康群体行为匹配的社会制度。在小康社会里的精英群体，最难保持的就是精英意识——“先天下之忧而忧”。西南联大的精神，于民族危难之中最易激发。

第二次世界大战结束以来，70多年的和平时期，所谓“好时代”（good time），养育了几乎三代“软弱的人”（weak men）。乔丹·彼得森（Jordan Peterson）[①]常说的“人与势循环”，有丰富的制度寓意：好时代养育软弱的人，软弱的人造就坏时代，坏时代养育坚强的人，坚强的人造就好时代。

美国的衰落，始于第二次世界大战后的“婴儿潮”（软弱的人）成为社会中坚（20世纪60年代）之时，克林顿是“软弱的人”的总统，

① 多伦多大学心理学教授，临床心理学家。他的全球现象级畅销书《人生十二法则》中文简体字版已由湛庐策划、浙江人民出版社2019年出版。——编者注

彻底摧毁了白宫200年来深得信任的宪法形象。有鉴于此，特朗普专权，不再令人惊讶。当然，他的行为已构成对美国宪政的严重挑战。詹姆斯·布坎南（James Buchanan）早已意识到美国宪政的社会共识正在瓦解，故而，他在1998年对我说，他晚年最希望促成的是50州州长会议，重新缔结美国宪法。这一行动，布坎南称为“宪法革命”，不是温和的修宪，也不是激烈平等的社会革命，而是在宪法框架内重新缔结宪法。可惜，他设想的第二次大陆会议至今无法实现。究其理由，当然是“精英失灵”，请诸友回到开篇重温我列出的精英失灵的三项“充分条件”，即其中任何一项条件都足以导致精英失灵。

我用两天时间写完了这篇冗长的序言，颇有借题发挥之嫌，但确实有“点睛之笔”的初衷。井奎文集的记述，在长期史视角下，是他在特定时空采集的样本，非置于长期史视角下而不能感受其深层的问题意识。

2021年4月18日

于夏威夷帕克兰寓所

在经济理论与学术的高地对美国社会的观察与思考

韦森
经济学家，复旦大学经济学院教授

2020年，注定要载入不断向前延伸着的当代世界历史。这一年，有两大事件相继发生并在继续向前动态发展。第一，自2008年起，当今世界的两个经济大国——美国与中国（两国的GDP总量已经超过世界经济总量的40%）在贸易、外交、政治和意识形态上继续交恶（但中美两国在2018年互相大幅度加征了贸易关税后两国贸易实际上仍在增长），并在世界范围内形成了一种新的冷战格局。第二，新型冠状病毒从2020年初出现以来，在世界范围内迅速传播，对世界各国经济都产生了重大的冲击和影响。到目前为止，全世界有超过两亿人感染新型冠状病毒，由此所导致的死亡人数已经超过436万。更为要命的是，目前新型冠状病毒还在世界各地不断传播和变异，一波未平一波又起，以至于世界各国能否在未来控制新型冠状病毒，还是人类将与之永远共存，在目前看来还是个未知数。实际上，2020年以来新型冠状病毒在世界范围的大流行，已经在许多方面改变了人们的交往方式和政府管理社会的手段及形式，并对各国的经济和社会都产生了重大影响。除了世界范围内的这两大事件外，2020年又是美国的大选年。靠Twitter治国的共和党总统唐纳德·特朗普对决年迈的民主党人约瑟夫·拜登的波谲云诡的总统大选，不仅引起了美国社会的动荡，实际上也对中国社会乃至全球产生了实实在在的影响和冲击。

就在中美贸易冲突、新型冠状肺炎疫情在全世界蔓延和肆虐，以及美国大选这三件影响当今世界历史进程的重大事件叠加在一起的2020年，一位现在浙江从事教学和研究的中国青年经济学人李井奎教授，却有幸进入哈佛大学访学一年，在波士顿这个神圣的学术殿堂和理论思考的高地上，静静地观察和思考这三大动态事件的演变和发展，写出了两本经济学观察和随笔集：一本是不久前已经出版的《大侦探经济学》，一本则是目前这本《在哈佛看美国》。

我和井奎教授相识、相知已经十几年了。记得我们最早在杭州见面时，井奎还在浙江大学攻读经济学博士学位。近年来，我们一直保持着密切的联系和交流，看到他毕业执教后在经济学研究和写作方面突飞猛进、硕果累累，我由衷地替他感到高兴，乃至为之赞叹。尤其是最近几年，井奎教授矢志于《约翰·梅纳德·凯恩斯文集》（共11

卷）的翻译巨事，其学术愿力和理论贡献，已经得到学界的广泛认可和赞誉。作为中国经济学界的一个老兵，我个人更喜见并热切地期盼着包括李井奎教授在内的中国新一代经济学人的成长和崛起，并期望他们能为未来中国的改革和发展，乃至经济学的理论进步，作出自己的贡献。故他这本《在哈佛看美国》即将出版，盛情邀请我写序，自感是十分当为和荣幸之事。但是唯一感到抱歉的是，由于近年来穷忙不已，文债堆积如山，答应为井奎教授的这本新书写此短序，竟然蹉跎了数月之久，一拖再拖，直到近日，才能交付。

回到井奎教授的这本经济学随笔集上来，我觉得应该指出的是，在当今世界三件巨事交缠在一起且互相影响的2020年，身在波士顿的井奎教授并没有对中美贸易战以及双方意识形态的冲突给予较多的关注，而是根据自己的亲历和细心观察，论及了新型冠状病毒肺炎疫情对美国的冲击及其后造成的社会危机，还有美国大选风云以及美国内部的种种社会问题。本书正文的第一句话就是:“美国病了。她变得敏感、多疑、偏狭”。这已为这本书点题了。

当今美国社会，无论从美国自身的历史演变过程来看，还是在即时历史节点上而观，确实有病，且病得不轻。美国之病，既不是指自2020年第一季度起新型冠状病毒已感染了超过3700万的美国人口，且已有超过63万的美国人死于病毒感染，随之美国经济也遭受了1929—1933年的大萧条后最严重的增速下行；也不是指自2017年起，唐纳德·特朗普开始的“Twitter治国”，平均每天发十几条推文，扰得美国举国上下不得安宁——特朗普相信他在美国乃至世界推行自由市场经济的理念，且毫不掩饰地宣扬他的美国优先政策。美国之病，也主要不是内部的种族歧视，枪击案不时发生，毒品泛滥且屡禁不止，乃至堕胎案撕裂美国社会……美国之病，甚至主要并不在于美国 2018—2019 年金融风暴后经济的缓慢恢复性增长，而主要在于自 20 世纪 80 年代后期随着计算机和移动互联网技术普及导致的货币数字化，美国的社会收入分配和财富占有上的差距继续拉大。这自然导致了美国社会的撕裂，实际上也构成了特朗普政府与拜登政府不同经济政策的基础。当今美国社会收入分配和财富占有上的差距拉大，美国社会价值观和政府经济政策上的撕裂，也在美国两党的治国之策上反映出来。是对富人征税来弥补政府财政亏空，还是对公司减税来促进经济增长？这实际上也反映了共和党和民主党政府对美国社会当下问题的应对之策。

美国社会的撕裂，集中在 2020 年的总统大选中反映出来。特朗普总统在败选月余后仍不肯认输，最后在 2021 年 1 月 6 日竟然发生了大批特朗普的支持者暴力冲击美国国会事件。这一事件导致 5 人死亡，多人受伤，以致后来 200 多人遭到起诉。大批追随特朗普的极端主义者暴力冲击美国国会的事件，在美国历史上是空前的，也说明了美国社会的撕裂和美国社会病的加深。还有一点可能许多人都没有意识到，美国之病，还在于美国整个社会在最近几年似乎患上了多疑症。当下，美国和西方的自由世界好像突然感到了 200 多年来从未有过的来自地球另一端的挑战，以致在经济、政治、外交、军事乃至文化上，全面围堵和制裁中国，变成了美国共和党与民主党以及美国大多数主流社会人群的共识（这一点，井奎教授的这本书中所谈及的并不多）。

美国是病了，且在目前看来仍然病得不轻。这些病症，被身在哈佛大学访学一年的李井奎教授亲眼见证，用他优美的经济学写作的文笔捕捉和记录了下来，并用他缜密的理论思维进行了经济学分析。这使得这本《在哈佛看美国》，既有生动真实的现实描述，也有历史回顾和理论分析。

我这里要指出的是，如果在长时段的世界历史中反思美国社会的问题，也许我们就会发现，从 1776 年建国以来，美国似乎都在病中。尤其是 20 世纪后半期以来，随着无线电广播、电视、计算机和移动通信网络的迅猛发展，打开美国这个“自由社会”的任何电视、广播、报纸、新闻杂志乃至 Facebook 和 Twitter，几乎都是播报发生在美国各地的游行、暴乱、暴力、凶杀、自杀、校园枪击、吸毒、偷渡、政府官员行政舞弊、政党和政客相互攻讦，乃至同一政党内部的勾结、分裂、谩骂之类的新闻。但是，建国 200 多年来，美国社会和美国经济就是在各种各样的社会病症中不断成长的。尽管美国经历了 1873—1896 年的超长经济危机，1929—1933 年的大萧条、1973 年石油危机后的经济滞胀，乃至 2008 年的金融风暴，但美国经济总是能够在周期性的经济危机中恢复过来，并不断成长。即使在 2020 年，美国有超过 3000 万人感染新型冠状病毒，数十万人死于新型冠状病毒肺炎，美国经济在 2020 年第二季度也曾下降 30% 多，但一旦病毒传播稍微得到控制，美国经济就能迅速恢复，以至于在目前疫情尚未远去的情况下，预期美国经济在 2021 年会有超过 6% 的恢复性增长，失业率也已经迅速降到 6% 以下。在一个人均 GDP 超过 6.5 万美元的世界发达国家，经济增速仍能达到6%以上，且多年年平均GDP增速能在3%上下，这本身就构成了一个值得研究的制度现象，甚至可以说是一个奇迹。美国在基础科学研究、应用技术创新和金融体系运作等多方面，仍然引领全球，至今没有任何一个国家能超越。在新型冠状病毒肺炎疫情的严重冲击下，美国经济虽然出现了下行，但美国家庭的可支配收入、居民储蓄和消费不降反增（这当然很大程度上要归因于美联储大规模地印钞和美国财政部在救济美国家庭方面拼命发钱）；美国的证券市场在疫情开始时稍有下滑，但随后高歌猛进、一路上扬；美国房地产市场一片繁荣，房价猛涨，这又导致美国家庭的财富持续增加。这一切又是怎么发生的？其制度原因到底是什么？这才是经济学家们所应思考和研究的。

建国200多年来，美国社会几乎无时不在各种病中，这是事实，也毋庸置疑。但是今天看来，各种各样的美国病，并不是不治之症，许多病症也似乎并不比2020年突然暴发和流行起来的新型冠状病毒更难应付。美国之病有治，这还要归功于美国开国元勋和立国先贤们在美国建国之初就设计好了一个能应付各种社会病的政治、经济与法律制度。如果你读过美国政治理论家拉塞尔·柯克（Russell Kirk）的《美国制度的根基》（*The Root of American Order*，通行的中译名为《美国秩序的根基》，这本书的中译书名可能存在歧义，因为译者可能没有意识到"order"在英文原文中有"制度"的意思），你就会了解美国建国时期的制度设计的核心，首先就是任何人都不在法律之外和宪法之上，任何人的权力都不是至高无上的和无可制约的。这种立国制度的优点，实际上包含着种种社会问题的制度纠错机制。反映在2020年的美国大选中，尽管第45任美国总统唐纳德·特朗普执拗、倔强、好强、任性、行事乖张、独断专行，且从不服输，以至于大选后月余都不肯承认败选，但到最后，在美国立国先贤们所设计并沿用200多年的选举制度面前，他还是不得不把总统位置移交给了约瑟夫·拜登。美国200多年的建国历史，以及美国今天正在发生的事情，清楚地告诉世人一个浅显的道理：像美国这样一个现代大国，如果没有制度根基层面的权力和公共决策的纠错和制衡机制，那是行不通的。

当下，美国社会仍有多种病症。这不仅仅是指新型冠状病毒肺炎疫情仍在蔓延，每天的确诊人数超过10万，美国政府的财政和货币政策都在因新型冠状病毒肺炎疫情的冲击而疲于应对，而且美国社会也确实存在着各种各样的社会之病。实际上，病态的美国社会悄然发生着制度改变。但是，当今美国经济仍然在种种社会问题中成长，且在许多方面领先并引领世界的发展趋势。因此，在世界经济和历史的大变局中，认真反思当下美国社会的问题，从而认清能真正促使人类社会经济增长和增进人类福祉的制度到底是怎样的，这才是经济学家乃至全社会所应思考和研究的问题。

是为序。

2021年8月18日

于复旦大学

目 录

II 美国社会面面观

III 唐纳德·特朗普与美国总统大选

VI / 告别美国

在哈佛看美国

美国病了。她变得敏感、多疑、偏狭。

可能是我身在美国哈佛大学做访问学者的缘故，2020 年 8 月底，我的微信密集性地收到了许多国内朋友和亲人的问候，因为他们听说美国北得克萨斯州大学对中国接受国家留学基金管理委员会资助的访问学者以及学生（也就是所谓的“公派出国留学项目”参与者）下达了一份逐客令。这是由该校教务与学术事务副校长办公室在 2020 年 8 月 26 日发出的邮件所透露的消息。北得克萨斯州大学通知和我一样持有 J-1 签证的来美国参加“交流访问者计划”的中国学者，校方将终止与中方的合作关系。这就意味着，那里的许多像我一样的访问学者必须在一个月内离开美国。

现在正是新型冠状病毒肺炎疫情暴发期，回国的机票一票难求，价格高达四五万元人民币之巨，大约是平常的 5 ～ 8 倍。即便是这样的高价机票，也不见得能买到。我在哈佛大学的一位同事在半个月前回国，之前刷票刷到了神经质的地步，最后竟然峰回路转，幸运地买到了她所在城市的包机机票，才算是安然渡过这道难关。由此可以想见，北得克萨斯州大学那些与我一样的学者和学生接下来这一个月该多么狼狈！

回想起两年前，也就是 2018 年的这个时候，我把我的一份研究计划寄给了哈佛大学经济系教授、知名劳动经济学家理查德 · 弗里曼（Richard Freeman）。在等待了半个月之后，我收到了弗里曼教授热情洋溢的回信。他一方面肯定了我的研究的价值，另一方面也指出可能的问题所在。收到回信后，我仔细品读教授的细致评论，真心钦佩弗里曼教授的学术造诣，他对文献的熟悉程度以及在理论方面的深厚修养使他很快就抓住了我研究的核心问题，并指出了数据上存在的不足。在信的最后，弗里曼教授表示他愿意邀请我来哈佛大学法学院他负责的一个劳动法律研究中心访问一年，以期在这个问题上有更进一步的研究与合作。

直到现在，我都还清楚地记得当时的兴奋之情！能到哈佛大学这样的国际学术重镇去访学，这可能是每一个学人都梦寐以求的机会。而且，我之前虽然也到过新加坡等地访学，可那还是没有真正接触西方文化。能够到美国去，本身就已经是一个很大的机会。于是，我接下来积极准备英语考试，申请国家留学基金委员会的出国访问学者项目，办理护照，准备出国相关事宜。虽然程序非常烦琐，但最后，我终于在 2019 年 10 月成功办理赴美签证。那一天，我在微信上发了一条朋友圈："哈佛，我来了！美国，我来了！"

1957 年秋，知名历史学家许倬云先生从基隆港出发，跨过太平洋到美国芝加哥大学进修。他搭乘一艘货轮，在海上颠簸 57 天，先到菲律宾装载货物，再到夏威夷檀香山（火奴鲁鲁旧称）补给淡水，然后借道巴拿马运河，从切萨皮克湾的巴尔的摩登陆美国。[①] 先生慨叹，美国物阜民丰，自然条件无可比拟。而我到美国搭乘的是海航从北京直飞波士顿洛根国际机场的波音 747 客机，仅 13 个小时就顺利抵达。在之后的一个月时间里，我除了与旧友相见，就是在新同事的带领下游览波士顿风光。虽然波士顿与中国的大都市大不一样，这里没有多少高楼，人口也不甚稠密，但对于我这样刚刚踏入异域，一直从历史书中认识波士顿这个地名的中国人来说，还是足够新奇的。我在那段时间听了一些音乐，后来每次再听，都会唤起一种异样的异域神秘感。

到了 2020 年 1 月底，哈佛大学终于开学。我与教授见了面，初步报告了论文的研究进展，然后就怀着兴奋的心情开始探索哈佛这座学术上的宝库。

我想，如果有天堂，那么它最好的样子就是哈佛大学这样吧！

---

① 许倬云．许倬云说美国 [M]．上海：上海三联书店，2020.

哈佛大学的图书馆不下数十座，主图书馆下面有七八层那么深。我徜徉在书海中，不禁感叹在这样的世界文明的顶峰上，知识的无限和生命的无穷。那一本本的书籍，背后是一个个鲜活的生命，他们贡献了才智，又悄然隐没在历史的深处。同时，哈佛大学的课程以及各种研讨会多如牛毛，初来乍到，我只感觉两只眼睛、两只耳朵根本不够用。但沉淀了一段时间之后，我认识到，哈佛大学虽然是一座宝库，但若想不空手而归，只能捡起一两颗珍宝，读深学透，否则贪多务得，必然两手空空。

因为突如其来的新型冠状病毒肺炎疫情，许多人说我 2020 年来美国访学，是一个大大的遗憾。许多师友在关心我的安危的同时，也深深地为我感到惋惜。我最开始也有这样的感觉，这种感觉是从 2020 年 3 月底开始产生的。

在新型冠状病毒肺炎疫情暴发初期，我们在美国的生活基本没有受到影响。对美国人而言，中国远在天边，他们自己的生活则一切照常。公共场合人声鼎沸，处处体现着美国人爱社交的天性。但我们这些在美国的中国人，都为祖国捏着一把汗。

这个世界变化得如此之快，让人猝不及防，都来不及思考什么，疫情就开始在美国大规模蔓延。而特朗普政府在防疫上的表现，也让许多人开始对美国式的社会治理模式感到困惑和不满。截至 2020 年 9 月初，全美有 600 余万人感染新型冠状病毒，死亡人数不断攀升，可是，以特朗普为首的美国政府想得最多的不是防疫，而是重启经济和修改感染与死亡人数数据。听特朗普总统的记者会，无论多么糟糕的事情，他总能找到有利于自己的方面或角度，有时候真有些为他感到脸红。

到了 2020 年 5 月底，非裔美国人乔治・弗洛伊德（George Floyd）因白人警察德里克・肖万（Derek Chauvin）不当执法而身亡，全美掀起了“Black Lives Matter”运动。[①]一时间，全美各地打砸抢烧不断，即便是高等教育极为发达的马萨诸塞州也不例外。5 月底和 6 月初，我走在波士顿的街道上，看着满街装甲车和荷枪实弹的民兵与警察，回想 1 月时的“岁月静好”，真是感慨万千。

现在，唐纳德・特朗普和约瑟夫・拜登分别获得共和党和民主党的总统候选人提名，在报纸和电视上轮番投放竞选广告。这一切似乎表明美国社会充满着各种撕裂——阶层的撕裂、种族的撕裂、地域的撕裂。在我这样一个普普通通的中国知识分子眼里，美国在变得越发具象的同时，也在变得越发模糊。

我开始反思，我想重新认识一下那个曾经在我的世界观中起到巨大引领作用的美国形象。

---

① “Black Lives Matter”是一项起源于非裔美国人社群的运动及其政治口号。该运动兴起于 2013 年，因射杀非裔青年的警察乔治・泽摩尔曼（George Zimmerman）被宣判无罪，引发了非裔美国人与左派白人的大规模抗议与骚乱。乔治・弗洛伊德是美国得克萨斯州休斯敦人，生前是明尼阿波利斯市一家小酒馆的保安。2020 年 5 月 25 日，他遭遇以德里克・肖万为首的四名美国警察暴力执法不幸去世，终年 46 岁。乔治・弗洛伊德之死引发了全美大骚乱。2021 年 3 月 13 日，美国明尼阿波利斯市议会一致投票通过，批准向乔治・弗洛伊德家人提供 2700 万美元（约合 1.75 亿人民币）的不正当死亡赔偿，这标志着持续近一年的抗议运动宣告结束。

如果 2020 年不是这样一副模样，我很可能过的是另外一段人生。我会全身心地沉浸在哈佛大学的学术氛围中，尽可能地在象牙塔中汲取营养，写论文，为下一步的研究计划收集资料……我可能会在假期里开车与朋友们一起横跨美国去旅行，然后收获满满地回国去。

时代的喧嚣，改变了许多人。我也被这个浪潮裹挟着，不知去往何方。

但我现在很感激自己遇到了如此不平凡的一年，它让我开始重新思考美国。如果仅仅从这些新闻来看美国，我们确实可以这样认为：美国病了。但是，如果她真的病了，那么，我们只有了解了她的病因，才能真正学会如何与她相处。而如果你走近美国人的生活，一天之中无论何时，你总能看到成群结队跑步的美国人，他们精神昂扬、热情友好。另外，自由和法治仍然是这个国家的制度基础，美国经济依然有着强劲的增长动力，我们不能低估美国的力量。

也许，不是美国病了，她只是在调整而已。也许，我，或者如我一样的普通中国人，过去并没有看见真正的美国，或者是我们宁愿相信自己想看到的那个美国。

毕竟，一千个读者眼中有一千个哈姆雷特。美国也一样。

距离 2021 年 1 月我结束访学回国，还有一段时间，这段时间正值美国大选，疫情仍在肆虐，美国社会风云变幻。在这个罕见的时期，我愿意用这支钝笔，写下我作为一名普通中国知识分子的观察与思考。它不一定是完美的，但一定是真诚的。请各位读者朋友和我一起，在接下来的文章中，在哈佛校园里看美国！

2020 年 9 月 2 日星期三

于马萨诸塞州坎布里奇寓所

I ／

哈佛学人与学术思想

哈佛校长的开学来信

这一周是哈佛大学的开学周。

这段时间，美国各大学相继开学。疫情当前，最让人揪心的恐怕要属学校师生的感染情况了。8 月底曾传出来一个令人崩溃的消息：美国亚拉巴马大学开学仅仅两周，就有 1200 名学生、166 名老师确诊感染新型冠状病毒！

不得不说，亚拉巴马大学并不是对开学后的防疫毫无准备。实际上，它和其他大学一样，在学校里设立了核酸检测点，对全校师生进行排查。但短短几天的时间，这所大学的感染人数就成倍地往上翻。一个在奥本大学工作的朋友告诉我，他们开学的第一天，学生们搞了一个开学派对，就有 35 人“中枪”，感染了新型冠状病毒。亚拉巴马大学的情况也是一样。有一名亚拉巴马大学的学生在他的 Twitter 中说，复课复学之后，他们扎堆去酒吧玩儿。在排队进酒吧的过程中，竟然没有一个人戴口罩，更没有人保持社交距离。亚拉巴马大学所在的塔斯卡卢萨市的市长感到了事情的严重性，紧急勒令全市的酒吧停业半个月。

令人感到困惑的是，亚拉巴马大学校方不但没有停学的打算，反而通过邮件通知教授，让他们不要给班里的学生透露班上其他同学感染的事实，而且禁止师生在社交媒体上发布相关内容。此外，北卡罗来纳大学教堂山分校开学仅一周，也出现了 380 例确诊病例。该校已经在讨论紧急关校的事情。

在这样的背景下，哈佛大学 2020 年秋季学期采取全网课教学，是有先见之明的。但哈佛大学作出这样的决定，并不是没有压力的。首要的压力，来自美国政府。

7 月 6 日，美国移民局对学生和“交流访问者计划”进行了调整：2020 年秋季学期，对于只上网课的国际学生，美国将不对其发放签证，即禁止参加在线课程的学院和大学的国际留学生留在美国。消息传出之后，哈佛大学校长劳伦斯・巴考（Lawrence Bacow）立即表示，这是一项“糟糕的政策”，此项政策未经事先沟通就突然宣布，残忍而鲁莽。巴考校长认为，这项政策是非法的。就在这项政策发布的第二天，即 7 月 7 日，马萨诸塞州总检察长莫拉・希利（Maura Healey）就宣布她的办公室将对这项新规提起诉讼。哈佛大学和麻省理工学院也在7月8日提起诉讼，认为美国政府的新规违反了《行政程序法》（*Administrative Procedure Act*），没有在发布前考虑“问题的重要方面”，没有为政策找到合理的依据，也没有充分通知公众。

7月6日，美国总统特朗普甚至在Twitter上发文要求学校必须在秋季开学。他还说，新型冠状病毒肺炎虽然是一种可怕的疾病，但它对年轻人造成的伤害很小，所以，他希望大多数学校都能开学。而亚拉巴马大学的例子是对特朗普总统这段话的极大反讽。

9月2日，哈佛大学开始上课，正式开启新的学年。巴考校长给全体哈佛人写了一封信，以迎接新学期的到来。巴考校长写道：“在过去几周，对于该如何为这个风云突变的时代下开始的新学年致欢迎辞，我思虑再三。此时此刻，我能写给大家些什么呢？”我相信，巴考校长的这段开场辞，一定会引起所有哈佛人由衷的共鸣。

2020年3月下旬，我们通过邮件了解到，巴考校长和夫人阿黛尔（Adele）确诊感染新型冠状病毒，心情非常沉重。巴考校长夫妇年纪都不小了，感染新型冠状病毒后吉凶难料，所有人的心都悬了起来。全世界各地的校友都在为校长夫妇祈祷，祝愿他们早日康复。幸运的是，好消息很快传来。在确诊感染新型冠状病毒两周之后，巴考校长和他的太太阿黛尔在4月6日宣布痊愈。哈佛大学校报（*Harvard Gazette*）采访痊愈后的夫妻二人，他们说，感染病毒很像得了一场流感，“仿佛一夜之间变成了120岁的老人”。

巴考校长在信中还感谢了所有勇敢而善良的哈佛人。在患病期间，他们收到了哈佛社区的许多慰问邮件，还有人向他们介绍自己感染新型冠状病毒后的康复经验。在乔治·弗洛伊德被白人警察跪杀与之后的“Black Lives Matter”运动中，以及在2020年8月23日雅各布·布莱克（Jacob Blake）因与警方发生冲突而中枪导致瘫痪这一事件中，哈佛人都表达了强烈的抗议，号召人们与种族歧视做斗争，并谴责白人至上主义。巴考校长高度赞扬哈佛大学在捍卫国际学生的权益方面追求正义的决心，并最终取得了对这一非法政策的诉讼上的胜利。

巴考校长在信中还说：“正是这次疫情中的隔离，帮助我们更加清楚而完整地看到彼此，并以新的方式对哈佛大学这个家园表达感激之情。每个人都渴望回到正常的生活中去，与我们的朋友和家人一起享受美好的时光，并能毫无忧虑地迎接新朋友。我们希望能够知道这种云上生活的日子还要持续多久。”最后，巴考校长坚定地表示：“我们现在开始了一个与众不同的学期。我们的工作和工作方式将更加重要。谁都不知道未来会发生什么，但我们会一起面对这种不确定性。我期待着所有这些都成为过往，然后，我能再次和你相见。在这一天到来之前，请你和家人彼此扶持，照顾好自己。”

在加入哈佛社区8个月以来，我经常能够收到巴考校长的邮件。每次读到校长的来信，我都感觉这不是一位大学的行政长官，而是一位忠诚而尽责的公仆，温良而正直的长者。他对哈佛大学饱含深情，对自己的工作充满热爱。在重要的事件发生时，巴考校长总是第一时间通过邮件通知我们，并告诉我们学校的决定以及学校的考虑，嘱咐每一位哈佛人照顾好自己。

对于这样的校长，我没法不满怀敬意。对于他在嘱托中所流露出来的诚挚，我没法不为之动容。

哈佛大学的校训是拉丁语“Veritas”，意思是“真理”。我每次到温德纳图书馆读书，中间休息的时候，就会走到陈列着约翰·哈佛（John Harvard）先生藏书的纪念馆，默立良久，脑子里常常会不由自主地闪现当年古希腊的柏拉图学园。哈佛大学的创始人约翰·哈佛1607年出生于今天伦敦泰晤士河南岸地区。1635年，哈佛先生在剑桥大学取得硕士学位，并成为一名牧师。1637年11月，他来到今天的马萨诸塞州波士顿地区的查尔斯顿镇，担任助理牧师和教导长老。1638年9月14日，来到新英格兰地区不到一年，哈佛就因肺结核去世，死前将自己的书和一半的财产（约合780英镑，相当于当时马萨诸塞湾殖民地一年的税收）捐给当时的剑桥学院。为了表彰这一善举，马萨诸塞州法庭于1639年下令将该学院更名为“哈佛学院”，这就是后来的哈佛大学。

到了1884年，著名的雕塑家丹尼尔·弗伦奇（Daniel French）准备为约翰·哈佛塑像，但由于哈佛并无画像传世，就找了当时哈佛大学的三个学生做模特儿，塑成了今天的约翰·哈佛像。这尊哈佛像的底座上镌刻着三行文字：约翰·哈佛，创始人，1638。

我刚来哈佛大学那段时间，疫情还没有大规模扩散，哈佛像前游人如织，其中大半是中国人。他们排着长队，依次去摸哈佛塑像的左脚。因为他们听说，摸了哈佛的脚，将来就能考到哈佛大学来。我还记得，在1月的一天下午，接待我的助理约翰，在介绍哈佛校园的时候，指着那长长的队伍笑着对我说：“真搞不懂他们！”

在夕阳的余晖里，我看着约翰，不自然地笑了起来。

2020 年 9 月 5 日星期六

于哈佛大学法学院

迈克尔·桑德尔教授的公开课

哈佛大学的明星哲学教授迈克尔·桑德尔 2020 年秋天要开设一门新课——“公正：病毒大流行和种族猜忌时代的伦理学”。哈佛大学的学生都可以报名参加，人数限制在 750 人。这是绝对的大课。但这个课是如此抢手，以至于 750 个名额几乎一扫而空。

桑德尔教授的名字对于许多中国的读者来说可谓如雷贯耳！他是“公正：该如何做是好？”（Justice: What’s the Right Thing to Do?）这门哈佛大学公开课的主讲人。[①] 这门课程还做成了视频，放在网上，

① ［美］迈克尔·桑德尔 . 公正：该如何做是好？［M］. 朱慧玲，译 . 北京：中信出版社，2012.

一时间好评如潮。许多中国的高中生和大学生，乃至如我这样毕业多年的其他专业的学者，都曾认真学习过这门公开课。

对于桑德尔教授在哈佛大学桑德斯剧院的大教室里以苏格拉底式的对话方式呈现的课堂，以及桑德尔教授对公正问题的深刻追问，我们都印象深刻。其中最吸引人的就是这门课程一开始，桑德尔教授提出的那个著名的电车难题：你驾驶着一辆刹车坏了的电车一路狂奔，前面出现了一个岔道：往左拐会撞死 1 个人，往右拐会撞死 10 个人。此时，你会怎么做？

而今，在这个新型冠状病毒肆虐的世界，我们似乎真的遇到了那个我们原来以为这一生都不会遇到的电车难题。

就在一个多星期前，德国柏林有 18 000 多人走上街头游行示威，他们反对政府采取过于严格的防疫措施。按照我的看法，无论是德国还是管控更为严格的澳大利亚，他们的标准都已经够松了。整个 8 月，德国每天的平均感染人数超过 1000 人，中小学都已经开学。可是，示威者仍然认为防疫措施是小题大做，限制了自由、破坏了经济。而美国多地早在 6 月就爆发了游行示威活动，人们纷纷要求重启经济，反对采取严格的防疫措施。甚至有一些美国人反对戴口罩，不愿意保持社交距离。

的确，对于基本上不存钱的美国人来说，因疫情造成的经济困顿，会使他们陷入生活艰难的境地。但如果完全恢复以往的自由生活，大规模重启经济，以美国人爱社交的天性，疫情恐怕在短时间内更难控制。截止到今天，美国新型冠状病毒肺炎病例已达 637 万，单日增幅接近 3000 人，死亡 19 万人，今日新增死亡人数高达 462。我们真的站在了电车行进的岔道口。

公共卫生专家和政府官员已经表示，戴口罩和保持社交距离，可以有效阻断新型冠状病毒的传播，但为什么仍然有一部分美国人不愿意这样做呢?

长期以来，美国都将个人权利视为建国精神的一部分。在这样的文化背景下，即便是采取简单的预防措施，也会产生不小的争议。在当下的美国，之所以不是每个人都愿意为了公共利益而选择遵守政府制定的预防举措，原因主要有两个：第一，许多美国人认为，戴口罩这个规定侵犯了个人自由，他们不希望政府强迫自己戴口罩；第二，就是这个国家的国民对精英阶层的不信任。特朗普总统的许多支持者就是这样，对精英阶层以科学之权威凌驾于大众之上表示普遍的不满，就是出自这样的一种不信任。他们对戴口罩以及保持社交距离的抵制，并不是关于公共健康的，而是关于政治的。他们在政治上选择不信任以专家和政府官员为代表的精英阶层。

历史上，美国人民并不是一直都这样不信任他们的政府和国家的。在像第二次世界大战这样的历史时期，许多美国人为了国家和家园，投入战争、志愿献身的故事俯拾皆是。当代美国人的祖父母曾经为了反法西斯战争的胜利而浴血奋战，而他们现在只要坐在沙发上，不要乱跑乱动就能为国家做贡献却反而做不到了。

在桑德尔教授看来，这次新型冠状病毒的大流行，凸显了美国社会在相互依存关系方面出现的困境，在最需要美国人团结一心、共克时艰的时候，他们却无法做到这一点。之所以会出现这样的困境，原因要追溯到这场危机之前的社会动荡。桑德尔教授认为，正是美国 40 年来不平等状况的加剧，造成了社会阶层的两极分化和党派政治的严重分歧，人们对由这一时期的政策所造成的不平等现象的不满，导致了民粹主义的盛行。

不得不说，桑德尔教授对政府的批评，在美国的知识分子当中是比较有代表性的。我在哈佛大学和麻省理工学院接触的教授们，几乎没有一个人对特朗普总统表示过好感。还记得 2020 年 4 月疫情肆虐时，我在哈佛大学的合作导师弗里曼教授当时到德国开会，被困在柏林，无法返回美国。我们去信询问他的情况，他回信报平安之后，又在末尾加了一句："德国比美国更安全，因为德国的领导人是默克尔而不是特朗普。"

美国在处理疫情危机方面，确实比大多数发达国家都要糟糕得多。桑德尔教授在接受哈佛校报采访时表示，美国在疫情初期每天的死亡人数不仅高于德国，更是大大超过了日本和韩国。知识分子阶层普遍认为，美国联邦政府领导不力以及公共卫生体系欠缺，是防疫失败的主要原因。值得反思的是，对个人主义的推崇，在某些情况下是优势，在抗击流行病方面却造成了负面影响。桑德尔教授特别指出，日本国民对口罩的接受态度，似乎很快就减缓了病毒的传播，而德国的公共卫生支出比例远远超过美国的政府预算部分，韩国的医疗系统也使病毒检测变得更加便捷和普遍。同时，在这些国家，房东减免租金的社会运动也让小企业有了喘息之机。

相比之下，这场危机凸显出美国社会的问题所在：不平等带来的阶层疏离，以及领导人没有起到社会契约中他本应起到的作用。

桑德尔教授认为，在疫情蔓延之际，信任是至关重要的。这不仅体现在对政府提供的科学信息和医疗意见的信任，还体现在公民之间的信任上。危机来临之际，领导人的最大责任就是激发这种信任。德国总理默克尔就是这样的领导者，她有效地帮助本国渡过了危机，部分就是因为搭建起了信任的桥梁。虽然德国政府现在也遇到了民众抗议，但过去半年的表现还是可圈可点的。相比之下，在美国，我们看到领导层更多是在逃避责任、制造矛盾，这当然会破坏美国社会应对疫情所需要的信任和团结。

早在 2020 年 4 月，桑德尔教授就曾在面向哈佛全校的一场线上活动“哈佛生活：大流行伦理学”中，提出过这样一个问题：“假如哈佛大学被允许明天重新开放，如果学生经检测后没有感染病毒且愿意每天重复检测，那么，允许一定数量的学生返校是否符合道德？”在那次活动中，许多学生和教职工都参与了辩论和讨论，桑德尔教授也像之前在桑德斯大剧院的大教室里一样，充分利用这种交互式的方法，引导大家表达意见。

那是一场激烈的辩论。巴考校长在最后的发言中表示：“我为我们在这个特定问题上面临的所有选择都是糟糕的选择而感到震惊。没有一个选择是显而易见的正确选择，但我们必须采取行动。”

和桑德尔教授一样，我也认为，这场新型冠状病毒肺炎疫情暴露出了美国社会的许多问题。除了不平等问题所造成的政治上的割裂之外，还有就是个人主义社会在应对流行病方面所呈现出来的治理困境。个人主义有其值得肯定的优势，但推崇到极致，对一个社会而言也会带来种种问题。个人主义与集体主义之间并不是截然对立的，在这两者之间，还有许多中间地带。如何在两者之间进行权衡，是政治学的大问题。19 世纪法国政治学家托克维尔在访问美国后，写出了政治学名著《论美国的民主》[①]，在这本书中，托克维尔曾对美国社会社团之间的团结与合作保有深刻印象，认为那是美国社会自治和经济发展的根源。

如今，一个多世纪过去了，桑德尔教授面对的美国也许与托克维尔面对的美国已经有了很大的不同。

2020 年 9 月 9 日星期三

于哈佛园

---

① ［法］托克维尔 . 论美国的民主 [M]. 董果良，译 . 北京：商务印书馆，1989.

傅高义：哈佛知识分子的缩影

2020 年 12 月 20 日早，哈佛大学荣誉退休教授、费正清中国研究中心前主任、知名的中国问题专家傅高义先生因术后感染，在坎布里奇市的一家医院病逝，享年 90 岁。

消息传来，在哈佛大学访问学者群里，大家纷纷寄托哀思。我虽然不在哈佛大学费正清中国研究中心访问，但由于我经常出入费正清中国研究中心的学者圈子，所以也第一时间获悉了傅高义先生病逝的消息，近距离地感受到了先生对中国学者的影响之深。

就在几个月前，我与哈佛大学费正清中国研究中心的一位访问学者，以及几位在哈佛大学和麻省理工学院读书的博士们相聚畅谈。

我们那天聊到了很晚，晚上 12 点多还没有散去。这时候，那位访问学者朋友的手机上收到一封新邮件，正是傅高义先生发给他的。原来，傅高义先生当时正在给美国国务院写一份有关中美关系的报告，希望能够为美国当局提供一些自己的看法。他很重视这些访问学者对中国的看法，深夜还在请教。我们当时都惊叹于傅高义先生的精力以及对沟通中美关系的执着。没想到，短短几个月后，先生就溘然长逝了。

傅高义先生 1930 年出生于俄亥俄州特拉华市的一个犹太人家庭，曾经在家乡的卫斯理学院学习，在 1958 年于哈佛大学获得了社会学博士学位。自 1967 年起，傅高义先生就执教于哈佛大学，直到 2000 年退休。他曾经两度担任哈佛大学费正清东亚研究中心[①]的主任，对日本和中国等东亚国家有着精深的研究。

1979 年，面对日本经济的崛起，傅高义出版了《日本第一：对美国的启示》一书。[②]这是一本书写精细入微的著作，加之书名很独特，所以在日本狂销 70 余万册。在这本书里，他以散文的语体描写了日本是如何追赶、甚至在某些情况下超过美国的，他把原因归结为日本政府优秀的治理能力，对公民教育的重视以及对犯罪问题的有效防治。

1991 年，傅高义先生观察到当时韩国、新加坡、中国台湾地区

---

① 费正清中国研究中心前身。

② ［美］傅高义 . 日本第一：对美国的启示 [M]. 谷英，张柯，丹柳，译 . 上海：上海译文出版社，2016.

和中国香港地区的蓬勃发展，结合自身的多年研究，在哈佛大学出版社出版了《亚洲四小龙腾飞之谜》一书。[①] 在这本书中，傅高义先生不但探讨了“亚洲四小龙”的经济发展，还就支持其经济发展的社会结构进行了深入研究。“亚洲四小龙”这个提法，是傅高义先生首创的，而关注东亚社会的内在文化结构与经济发展之间的关系，又是社会学出身的他一贯的研究取向。

傅高义先生真正为中国知识界所熟知，还是因他退休之后花费10年之功，采访众多当事人所撰写的厚达876页的巨著《邓小平时代》。[②]

这是一本关于邓小平的研究专著，它描述了邓小平如何带领中国人民走出混乱，推动各项改革，帮助10多亿中国人摆脱贫困的过程。这部传记，是迄今为止关于邓小平的最为深入的研究专著。该书给他带来了多项荣誉，也为他带来了不菲的稿酬。后来他把《邓小平时代》的稿酬拿出来捐给了家乡的卫斯理学院。

无论是《日本第一：对美国的启示》，还是《邓小平时代》，它们都是傅高义先生写给美国读者的书。当然，无论是在美国，还是在日本和中国，这些也都是畅销书。傅高义先生透过他对中日两国的深入理解，对东亚这个迥异于西方的社会形态在经济转型过程中的表现

---

① [美]傅高义.亚洲四小龙腾飞之谜[M].陈振声，译.北京：中国政法大学出版社，1993.

② [美]傅高义.邓小平时代[M].冯克利，译.上海：生活·读书·新知三联书店，2013.

所做的精深研究，向美国和西方人展现了历史的另外一种发展可能性和运行轨迹。在傅高义先生 2019 年的新书《中国和日本：1500 年的交流史》[①] 中，这种精神体现得更加淋漓尽致。

听哈佛大学的朋友们说，傅高义先生现在正在撰写关于胡耀邦的传记，原本这是一项非常值得期待的工作，却因先生的突然离世而成为永远的遗憾。

我到哈佛大学的第二天，就去参观了著名的哈佛燕京学社，因为这个地方曾经是我年轻时最向往的研究圣地。到了哈佛大学之后，我才真正把哈佛燕京学社与费正清中国研究中心以及哈佛大学东亚语言与文明系区分开来。

哈佛燕京学社是 1928 年春由美国铝业公司创始人查尔斯 · 马丁 · 霍尔（Charles Martin Hall）的遗产基金资助创办的。当时身在北京的燕京大学校长司徒雷登（John Leighton Stuart）了解到霍尔遗嘱声明，其遗产中的一部分要用于研究中国文化，于是，司徒雷登成功说服哈佛大学与燕京大学合作，于 1928 年成立哈佛燕京学社。哈佛燕京学社致力于在东亚和东南亚推进人文科学和社会科学领域的高等教育，现任社长是裴宜理（Elizabeth J. Perry）。哈佛燕京学社对中国的研究，更多地强调从人文科学的角度来展开。

哈佛大学费正清中国研究中心建立于 1955 年，其创始所长是著名汉学家、历史学家费正清（John King Fairbank）。最初，这个中心

① ［美］傅高义 . 中国与日本：1500 年的交流史 [M]. 毛升，译 . 香港：香港中文大学出版社，2019.

被命名为“东亚研究中心”，后来为了纪念费正清而改名为“费正清东亚研究中心”。在哈佛大学成立赖肖尔日本研究所与韩国研究所后，该中心于 2007 年改名为“费正清中国研究中心”。与哈佛燕京学社不同，费正清中国研究中心更强调从社会科学的角度研究现当代中国，主要研究的是现当代中国的社会、外交、经济和政治变化。在费正清担任该中心主任 18 年之后，傅高义先生接任中心主任（1973—1975 年），并于 20 世纪 90 年代再度出任中心主任（1995—1999 年）。

哈佛燕京学社以及费正清中国研究中心，本身并非哈佛大学的院系，而是由相关机构与哈佛大学合作创办的研究机构，这是它们与从人文科学视角出发研究中国及东亚其他国家的文学、诗歌、哲学、艺术等的东亚语言与文明系的根本区别。对于哈佛燕京学社和费正清中国研究中心这些机构，哈佛大学的政策是要求它们自给自足，校方只提供有限的帮助，主要是在校园内或校园附近提供办公场所，给予中心员工以哈佛大学雇员待遇。这个待遇包括标准的员工福利、发放职工工资，但校方通常不会用学校的基金来负担这些福利和工资支出。

自 20 世纪 80 年代以来，费正清中国研究中心成为越来越多的中国访问学者的目的地。不仅这里的每一位中国研究专家都到中国访问过，而且中国的多位国家领导人也曾来到这里，费正清中国研究中心是中美两国交流的一个重要窗口。如今，这个重要窗口中的精神领袖——傅高义先生，永远地离开了我们。

我每次路过哈佛燕京学社和费正清中国研究中心时，时常追想当年的司徒雷登先生、费正清先生和傅高义先生，到底是以一种什么样的心态去关注和了解，在他们那个时代的西方人眼中还如此遥远的东亚和中国的。他们为什么会对地球另一端尚且积贫积弱的国度，有着如此深切的了解意愿和希望能够提供帮助的热忱呢？我想，他们的身后必定隐藏着一种伟大的类似宗教一般的力量。这个力量，反映在哈佛大学的这些教授身上，就是那种无所不在的求知欲和矢志不渝的求真精神。

其实，又何止像傅高义先生一样研究中国的学者，我的合作导师弗里曼教授也有着同样的求知欲和学术热忱。当我给弗里曼教授写信，把自己对中国劳动合同法研究的一些思路介绍给他时，他在回信中说："你的工作看起来非常有意思，而且你给出的研究计划也很有前景。"他写了一长段文字与我就研究中相关的问题进行商讨，并对数据分析的各种可能性进行了猜测。如今，我的论文初稿已经完成，但如果没有弗里曼教授的鼓励和讨论，这篇论文可能不会是今天这个样子。

弗里曼教授关心中国的劳动者，关心中国的劳动合同法的效果，关心中国的劳动经济学研究，与傅高义先生对中国的关注有着相同的精神内核。在哈佛大学的这一年里，我在倾听多位教授的授课和研讨会上的讨论时，感受到的是他们对于未知的永恒追索，在追逐真理的过程中对每一个细节的推敲和探求。对于他们来说，这就是人生的目的所在，而所有世俗的奖赏，都交给那些闲人吧。

今天是圣诞节，我给弗里曼教授发去了圣诞祝福，并表示我 1 月初即将回国，向他辞行。

我很快收到了教授的回信，他为这次因为疫情而使我的访学受到影响而感到抱歉，同时，他希望我将来还能再访美国。“到了那个时候，”他说，“希望执掌这个国家的是一个愿意为人民谋福利的人。”

因为疫情，教授上个学期被困在了德国，在德国的这段时间，他重新审视自己的国家，越发感受到这个国家的荒诞。信的最后，教授说：“所以，我和一群失业的视频制作人一起制作了这样一个视频，希望可以逗你一乐。”

我点开教授发来的 YouTube 视频链接，竟然是教授自己戴着金色假发扮演特朗普总统的搞笑视频。在视频里，教授扮演的疯王科维德三世–特朗普兹拉（Mad King Kovid III–Trumpzilla）踩碎了身着黑衣的天使送来的上面写着“科学”“正义”字样的南瓜，直到天使捧出写着“民主”的南瓜……

看来，哈佛大学的教授不仅是知识圣殿里的严肃学者，还是生活当中时刻关注政治与人民福祉的幽默大师。

2020 年 12 月 25 日星期五

于马萨诸塞州坎布里奇寓所

阿尔钦的经济学

包括我在内，受张五常先生思想影响的一代经济学人，对于阿曼·阿尔钦（Armen Alchian）这个名字都不陌生。

2001 年，我在浙江大学玉泉校区读书的时候，五常先生的《经济解释》正在《21 世纪经济报道》连载，一时间洛阳纸贵，我们争相抢买最新一期的报纸，如痴如醉地讨论和学习。[①] 后来，我们还经常在高小勇先生主办的《经济学消息报》上读到五常先生的文字。熟悉五常先生著作和文章的人都知道，他在加州大学洛杉矶分校有两位

① 张五常教授的《经济解释》后来出了很多版，我们当时阅读的那版，只有中国香港花千树出版社的繁体中文版，内地未出简体中文版。

伟大的老师，一位是赫舒拉发（Hirshleifer，又被译为赫胥雷佛），一位是阿尔钦。

当年，五常先生给阿尔钦教授起的中文名很好听，叫艾智仁。

后来，周其仁老师于浙江大学开设“新制度经济学”课程，我从周老师那里借到了阿尔钦教授著名的《大学经济学》一书。[①] 我和我的几位学术界好友的经济学启蒙都是周其仁老师的这门课，是这门课带领我们走进了经济学的殿堂。光阴似箭，距离我第一次上周其仁老师的课，已经 18 年有余，但当年课上的许多讨论和场景依然历历在目。在这门课上，阿尔钦教授的《大学经济学》自然是我们反复阅读的经典教材。它留给我的印象非常之深，就像是一位洞悉世情的老人，用一套极为简洁的分析招式，把芸芸众生生活的复杂世界展示在我们面前，拆解得高妙而又深刻。

阿尔钦在精神上是属于亚当·斯密一派的，他坚信，以私有产权为特征的市场体系能够最大限度地增进人类社会的财富。他使用的分析方法是边际革命以后发展起来的价格理论方法，这种方法的应用在 20 世纪后半叶达到了顶峰。

2018 年，我偶然从自由基金的网站上获悉，阿尔钦与合作者合著的这部《经济学通义》终于出版，[②] 就立即推荐给了格致出版社的好友王萌编辑。这部书可以算得上《大学经济学》的升级版，从英文

---

① Armen A. Alchian, William R. Allen, *University Economics*, Prentice Hall, 1974.

② Armen A. Alchian, William R. Allen, Jerry L. Jordan, *Universal Economics*, Liberty Fund Inc., 2018.

书名中的University改为Universal，我们就大概可以窥到作者的野心。正如另一位作者威廉姆·艾伦（William Allen）所说："本书是一部新作，尽管它与前面两本书［除了《大学经济学》之外，他们还合作出版过另外一本名为《交换与生产》[①]（*Exchange and Production*）的教材］有着家族上的相似性。与之前的著作一样，本书本质上是讲价格和分配分析的，还有对通货膨胀的思考，以及微观经济学对总体经济和国际意涵的各种涉入。最重要的是，对于之前各书的努力，本书踵事增华，不遗余力地阐发经济分析，并始终强调经验上的有效性和意义。"最终，在王萌编辑的积极推动下，格致出版社获得了这本书的中文版版权。2019年夏，受格致出版社的信任和委托，这部书交由我来翻译。面对曾启蒙我走上经济学之路的这部经济学巨著，我心怀虔敬，不敢有丝毫懈怠。

在我到哈佛大学访学的这一年里，除了开展学术交流与合作之外，我还旁听了哈佛大学经济系的本科生入门课程。在这个过程中，我更加深刻地认识到，由阿尔钦教授等人传承发扬的这个学术传统有多么宝贵，也希望价格理论能够薪火相传、后继有人。在繁忙的学习和研究之余，我这一年中的闲暇时光都在翻译这本书。在坎布里奇的许多个夜晚，我从哈佛校园回来，或从查尔斯河边散步归来，打开这本书，进入它的世界，就像进入一片思维的高原，接受思想上的洗礼。整个翻译过程我是非常享受的，这也是我在近年来的经济学著作

① Armen A. Alchian, William R. Allen, *Exchange and Production*, Wadsworth Pub. Co, 1983.

阅读中最为享受的一次。但同时，这个过程也充满艰辛，有时为了能够曲尽其妙，更好地把一句话或一段话的精髓翻译出来，我常常需要思考和推敲数日不止，遍翻多本工具书，求教多位方家才能放心。

如今，历时整整一年半，这项浩大的翻译工程终于完成，我也长出了一口气。今天是 2020 年 12 月 31 日，是 2020 年的最后一天。下星期一，我就要从波士顿租车去纽约，然后从纽约肯尼迪国际机场飞往上海浦东国际机场，踏上回国的旅程。今天重温这部书的中译文字，不禁感慨万千！我在这里把我翻译的本书另一位作者威廉姆·艾伦的序言转载如下，算是对这一年的一点纪念（略有删改）。

《经济学通义》序言

谋生，是一项重要的活动。在一个充满局限的世界里谋生，我们要面对才智、品格以及铁矿石等的稀缺性，可谓困难重重。我们必须比较各种不同的谋生方式，一一对它们进行分析，还要不可避免地在此基础上作出决策。而人之形形色色，再加上各种社会安排，会大大提升我们生存的成本，冲淡我们生存的收益。这，经常会使我们所处的局势变得更加复杂。

长久以来，各类观察家和自许的导师——神学家、诗人、哲学家，都致力于解决一些苦乐参半的人生谜题。幸运的是，今天，我们有了经济学家。

生活在 2400 多年前的亚里士多德，是古代最著名的沉思者，他曾对经济状况和经济活动的某些方面给予过相当大的关注。生活在18世纪的亚当·斯密，是公认的现代经济学早期发展的奠基人。随着约150年前边际革命的发生，一些与当前的理论相类似的东西开始形成。到了20世纪下半叶，一个名副其实的黄金时代浮出水面——可能之后在某些方面有所衰落。第二次世界大战之后的这段岁月里，一批数量可观的创新理论家和卓有成效的分析应用者横空出世。在这人类群星闪耀时，很少有哪一个人像阿尔钦那样，星光璀璨、辉映夜空。

“好的经济学”（useful ecnomics）显然有赖于形式化分析的工具箱。但是，再好的工具，也需要能工巧匠的操持。这些能工巧匠依循那些极富想象力、灵感四溢又经验丰富的建筑师所描绘的建筑蓝图，挥洒着自己的天分。阿尔钦是一位大师级的巨匠，并且他还给这个工具箱贡献了新的工具。同时，他也是一位杰出的建筑师。最难得的是，对于个人及社会的本质，以及一个社会的经济运行机制，他有着敏锐的感觉和直觉，堪称天选之才。而且，与经济学界的其他坚定的大家一样，他热爱教书。

米尔顿·弗里德曼（Milton Friedman）① 观察到，“有些

---

① 米尔顿·弗里德曼，美国知名经济学家，芝加哥经济学派领军人物、货币学派代表人物，1976年诺贝尔经济学奖得主。弗里德曼被誉为20世纪最具影响力的经济学家及学者之一。

人天生就有经济学和经济推理的本能”，但“对大多数人来说，经济推理是一种后天习得的技能和品位”。阿尔钦帮助大批有才华的学生获得了创造性技能和高妙的智识品味。

对于一般性的社会而言，一次技术精湛、壮丽恢宏的学术性展示，很少会产生什么价值。阿尔钦的一个令人瞩目的特质，就是他可以用最简单的方式来解释最重要的问题，他在解决问题时匠心独运，只使用最基本的概念和架构。马克·吐温提到，他妻子住在密西西比河沿岸，学会了所有的脏话，却学不会那种腔调。在经济分析中，阿尔钦对那些语汇谙熟于胸，而且还了不起地哼对了其中的曲调。

好的经济学家已然认识到，在一位卓有成就的学者、教师和专业人士手中，基本乃至初阶的经济学工具可以用到何种出神入化、极富创造性的程度。在美国国防部最高决策层工作时，阿兰·恩托文（Alain Enthoven）[①] 报告说："我们（国防部）使用的分析工具是最简单、最基本的经济理论概念，结合以最简单的量化方法。这项工作取得成功的条件，是对诸如边际产品和边际成本等这类相关的概念有着透彻的理解。而且，如果你愿意的话，还需要笃信诸

① 现为斯坦福大学商学院荣休教授，拥有斯坦福大学、牛津大学和麻省理工学院的经济学学位。他于 1960 年调任美国国防部工作，曾在 1965 年被约翰逊总统任命为负责系统分析的助理国防部长。

如边际产品和边际成本等相关的概念，以及拥有在复杂情况下发现边际产品和边际成本的能力，同时还要有很好的数量感。我们所使用的经济理论，就是我们在大学二年级时所学的理论。”①

我和阿尔钦是1952年在加州大学洛杉矶分校成为同事的。我们一起合作过多次，主要是在写作《大学经济学》和《交换与生产》这两本书上。本书是一部新作，尽管它与前面两本书有着家族上的相似性。与之前的著作一样，本书本质上是讲价格和分配分析的，还有对通货膨胀的思考，以及微观经济学对总体经济和国际意涵的各种涉入。最重要的是，对于之前各书的努力，本书踵事增华，不遗余力地阐发经济分析，并始终强调经验上的有效性和意义。最初的手稿，阿尔钦准备了10年，嗣后健康恶化，未竟全功，惜哉！今天，历经千辛万苦，这部书稿终于得以面世。

把阿尔钦这最后一部巨著推出面世，需要付出相当多的努力。如果没有杰里·乔丹（Jerry Jordan），本书实难完成，甚至想都不敢想。杰里是20世纪50年代到80年代受到阿尔钦影响的众多研究生中的一员。和他们中的许多人一样，杰里有着非常杰出的、引人瞩目的经济学学习和研究生涯。除了直接在手稿上做大量的工作外，他还是首席

① Alain Enthoven, Economic Analysis in the Department of Defense, *American Economic Review*, 1963.

协调人，负责协调几位参与出版这部巨著之人的各项活动。

阿曼·阿尔钦——一位同事、导师、合作者和事实上的兄长——于2013年2月，驾鹤西游，离开了我们，寿九十有八。

2020年12月31日星期四

于查尔斯河畔

因果推断革命：寻找“另一个犯罪现场”

今天是 12 月 3 日，星期四。截止到今天下午三点，我在哈佛大学的课业就全部结束了。

在哈佛大学，除了日常的研讨会和论文写作之外，我还听了几门本科生和博士研究生的课程。由于个人的学术兴趣，这一年中，我花费精力最多的是两门课程：一门是“因果推断”（Causal Inference），一门是“凯恩斯”（Keynes）。今天，我主要讲讲我这一年学习因果推断的成果。

学习因果推断需要阅读大量的文献，我 2020 年读过的文献少说有 200 篇。因为疫情期间无法出门，加上阅读和学习的感悟，我萌生了写一本介绍因果推断的科普著作的念头。说来也巧，在我来美国之前，国内一家出版社的编辑室曾约我写一本介绍经济学前沿的科普书，于是，就有了这本《大侦探经济学》。

下面是我为《大侦探经济学》写的序言（略有删改）。

> 近30年来，借助于统计学中对因果关系认识的深化，现代经济学研究爆发了一场因果推断革命。这场因果推断革命，使得经济学家的工作变得越来越有趣，经济学家也越来越像一个个的大侦探。他们从纷繁复杂的世事以及各色各样的数据中，使用因果推断的计量工具，探寻一个又一个积年的悬案和新奇疑问背后的真相，为我们解开了一个又一个历史、社会和经济领域的谜团。
>
> · 美国企业雇主在雇用决策中到底有没有歧视非裔美国人？（第一章“乔治·弗洛伊德之死”）
>
> · 非裔美国人更容易被美国法院判处死刑吗？（第一章“乔治·弗洛伊德之死”）
>
> · 墨西哥扫毒之战有没有导致墨西哥刑事犯罪率暴增？（第二章“墨西哥毒品战争之殇”）
>
> · 黑手党的真正起源是因为西西里岛更适合种植柑橘？（第三章“意大利黑手党的前世今生”）
>
> · 中国北方冬季供暖导致多少人死于由此造成的心肺疾病？（第四章“看不见的雾霾杀手”）

· 在美国上名校是否能让未来收入增加？（第五章“名校骗局？”）

· 传统中国茶叶种植地区的女孩是不是更容易存活下来？（第六章“消失的女性之谜”）

· 对非洲等发展中国家的食品援助是不是加剧了这些地区的内战？（第七章“奴隶贸易的阴影”）

· 气候越热的国家经济发展是不是就越差？（第八章“白人殖民者的意外死亡”）

· 白人殖民者的死亡率是不是决定了该殖民地日后的经济发展状况？（第八章“白人殖民者的意外死亡”）

· 货币政策对走出“大萧条”有没有帮助？（第九章“‘大萧条’的幕后真凶”）

· 搬到更富裕的社区生活对多大年龄的孩子的成长有好处？（第十章“消逝的‘美国梦’”）

……

在这本书里，我们的经济学大侦探对这些问题一一进行了研究。这些问题是如此重要，同时又是如此有趣，经济学家们给出的因果性答案又是如此严谨，以至于 19 世纪英国大知识分子托马斯·卡莱尔（Thomas Carlyle）送给经济学的那顶“沉闷的科学”的帽子，如今再也戴不到它的头上了。

因果关系是一种迷信？

探究因果关系是科学工作的重要目的。然而，因果性面纱又是如此神秘莫测，一代又一代的学者为之心醉神迷，持续探讨了数个世纪。

经济学奠基人、《国民财富的性质和原因的研究》（又称《国富论》）一书的作者亚当·斯密，有一位知名的哲学家朋友大卫·休谟，对经济学和逻辑学均有贡献。在他的那本哲学名著《人性论》中，休谟认为，人类无从得知因果之间的关系，我们只能认识或者联想到某些事物彼此之间相互关联，这是经验告诉我们的。所谓的因果关系，乃是源于我们的联想，是我们所养成的心理习惯而已。①

19 世纪英国伟大的哲学家约翰·斯图尔特·密尔（John Stuart Mill，也有译为约翰·斯图亚特·穆勒）也是一位出色的经济学家和逻辑学家，在他那本逻辑学名著《逻辑体系》（严复先生翻译为《密尔名学》）中曾经探讨过如何确定因果关系。他说，如果一个人吃了某道菜之后死了，那么，只有当他同时又没有吃这道菜之后活了下去，这两种状态都为我们所观察到时，我们才能说，这道菜是他死去

① ［英］大卫·休谟．人性论（上下册）[M]．关文运，译，北京：商务印书馆，1996.

的原因。[①]

密尔如此定义的因果关系，与今天我们讨论的因果效应在本质上有相近之处，但在我们一般人看来，一个人如何能在吃了这道可能害死他的菜与没吃这道菜两种状态下同时存在？我们不是上帝，无法创造平行宇宙。到了20世纪，同为哲学家和逻辑学家的伯特兰·罗素干脆完全放弃了因果关系，他把因果关系视为一种迷信。[②]

而同一时期得到蓬勃发展的统计学，更是认为“相关不是因果”，恪守着“因果关系无法通过统计学加以研究”的戒条，不敢越雷池一步。[③]

幸运的是，到了20世纪最后的四分之一时间里，人们在那些偷吃禁果的统计学先驱所做工作的基础上，开始一步步揭开因果关系的神秘面纱。[④]

反事实框架下的因果关系：寻找“另一个犯罪现场”

约翰·斯图尔特·密尔说的一点儿都没错，要想真正

---

① John Stuart Mill, *A system of logic*, In Collected Works of John Stuart Mill, University of Toronto Press, 1973.

② [英]伯特兰·罗素.我的哲学的发展[M].温锡增，译.北京：商务印书馆，2001.

③ [美]朱迪亚·铂尔，达纳·麦肯齐.为什么：关于因果关系的新科学[M].江生，于华，译.北京：中信出版社，2019.

④ Guido W. Imbens, Donald B. Rubin, *Causal Inference for Statistics, Social, and Biomedical Sciences*, Cambridge University Press, 2015.

揭示因果关系，则必须保证因果关系的主体相同，同时所有的其他环境与条件也都一样，最好是同一个人，同时出现在不同的状态下，经过对比，才能说明某种状态的因果效应怎么样。

我们就拿乔治·弗洛伊德之死来说吧。

2020年5月25日，在美国明尼苏达州明尼阿波利斯市，非裔美国人乔治·弗洛伊德被警察德里克·肖万逮捕，肖万单膝跪在弗洛伊德脖颈处超过8分钟，最终导致弗洛伊德死亡。之后，美国各地爆发了一系列抗议示威活动，引起了巨大的社会震荡。

人们纷纷把警察暴力执法的原因归结为种族歧视。

如果我们只是看到这样的结果，就一致认定原因是种族歧视，那么，这的确像大卫·休谟所说，所谓的因果关系，真就变成一种心理习惯了。我们看到了白人警察和非裔美国人罪犯，又看到了非裔美国人罪犯身死，经过联想后认定，这都是种族歧视惹的祸。

但其实，要想断定弗洛伊德之死能不能归因于种族歧视，我们只能使用密尔说的办法——寻找“另外一个犯罪现场”。另外那个犯罪现场，就像是我们今天这个世界的平行宇宙，里面也有警察肖万和非裔美国人乔治·弗洛伊德。不过，在另外一个犯罪现场里，乔治·弗洛伊德拥有一粒神奇的药丸，他在这一切开始之前的一分钟，吃下了这个药丸。这个药丸的神奇作用是它可以立即改变服用人的肤色。于是，同样的场景下，在另外一个犯罪现场里，乔治·弗洛伊德变成了一个白人。

然后，我们再来观察这另外一个犯罪现场的结果：警察肖万又将如何对待变成白人的乔治·弗洛伊德呢?

这另外一个犯罪现场，就是今天我们从电视和网络上看到的乔治·弗洛伊德之死案的反事实情况。它没有发生，但我们可以想象这样的反事实。

那粒药丸，可以改变弗洛伊德的肤色。在实验设计里，这被称为处理（treatment）或干预，它可以操控弗洛伊德处在非裔美国人或白人的不同状态下，这样，我们就可以比较两种状态下他的最终命运。

我们可以观察到四种潜在结果。

第一种：无论是否吃下药丸变成白人，乔治·弗洛伊德都死了。

第二种：无论是否吃下药丸变成白人，乔治·弗洛伊德都没死。

第三种：吃下药丸变成白人，乔治·弗洛伊德没死；没吃药丸仍是非裔美国人，乔治·弗洛伊德死了。

第四种：吃下药丸变成白人，乔治·弗洛伊德死了；没吃药丸仍是非裔美国人，乔治·弗洛伊德没死。

如果结果是第一种和第二种，就说明无论弗洛伊德变不变成白人，结果都一样，警察肖万不存在种族歧视；如果是第三种，我们可以说，警察肖万歧视非裔美国人；如果是第四种，我们得说，警察肖万此时歧视白人。

这样，我们站在上帝视角，使用反事实框架，就可以完美地定义种族歧视的因果含义。

遗憾的是，我们不是上帝，我们只能观察到一种状态下的一种潜在结果变成现实，那就是白人警察肖万在逮捕非裔美国人乔治·弗洛伊德时，杀死了对方。

拟合出平均意义上的“另一个犯罪现场”
——随机实验与潜在结果模型

如果单纯地从乔治·弗洛伊德之死这一件事情出发，我们要想断定种族歧视是不是导致他死亡的真正原因，从前面定义的反事实框架下的因果关系看，我们确实没有办法做到。但好在无论是大自然还是人类那神鬼莫测的历史命运，都不是“惊鸿一瞥”，它们常常反复出现，并最终为我们所认识。

其实，自然科学家早就使用了这种办法来制造反事实情况，只不过，他们的办法不是干预自然发生的事件，而是通过随机实验的方法主动创造出“另一个犯罪现场”。

在 1946 年之前，肺结核曾是不治之症。医生们尝试过各种各样的方法，都没有找到真正有效的疗法，直到 1946

年美国罗格斯大学的研究团队发现了第二种应用于临床的抗生素——链霉素，开创了治疗结核病的新纪元。[①]

1948年，杰弗里·马歇尔（Geoffrey Marshall）等人做了人类历史上的第一个随机对照实验，目的就是评价链霉素在治疗肺结核上的有效性和安全性。通过随机选取15～30岁的双侧急性进展性原发型肺结核患者，随机把患者分为两组：一组接受链霉素治疗并卧床休息，这一组就是实验组，也叫处理组或干预组；一组仅仅卧床休息，这一组就是对照组，也叫控制组。这里的实验组和对照组，对应的就是前面乔治·弗洛伊德吃没吃下那个可以改变肤色的药丸。吃下药丸，变成了白人，这就是实验组，而没吃下药丸仍然是非裔美国人的状态，就是反事实情况的对照组，这个实验的评价指标是乔治·弗洛伊德有没有死。而马歇尔的这个实验，其评价的主要指标是6个月内的生存率，以及6个月时根据胸部X光片评价得出的明显改善率。研究结果显示，实验组和对照组6个月的生存率分别为93%和73%，而明显改善率分别为51%和8%，这些结果在统计上都非常显著（p值小于0.01——我们一会儿来解释它的意思）。由此可见，链霉素可改善肺结核患者的症状，并降低死亡率。

---

① 人类历史上发现的第一种抗生素是青霉素。——编者注

这个实验的成功，标志着随机实验的研究方法正式得到了科学界的认可。

随机实验的想法最早是由统计学家杰尔泽·内曼（Jerzey Neyman）于 1923 年提出来的，而且他还根据潜在结果的框架给出了因果效应的正式定义。[①] 但内曼教授不像他的统计学对手罗纳德·费希尔（Ronald Fisher）那样会讲故事，我们接下来从费希尔这位几乎单人独骑就奠定了现代统计学基础的伟大统计学家提到的一个关于"女士品茶"[②] 的故事说起。[③]

故事发生在 20 世纪 20 年代末的一个夏日午后，地点在英国剑桥大学。当时，一群大学教授和他们的妻子以及客人围坐在院子里的一张桌子边喝下午茶。其中有一位女士坚持认为，把牛奶倒入茶中，与把茶倒入牛奶中，奶茶的味道会有不同。在座的很多人都认为这个说法不可思议，因为奶与茶倒入杯子的顺序并不会改变奶茶的化学成分，能有什么味道上的差别呢？只有一位又瘦又矮、戴着厚厚眼镜的男子表情严肃，陷入了沉思，他就是费希尔。

---

① Neyman, J., "*On the Application of Probability Theory to Agricultural Experiments. Essay on Principles. Section 9*," translated in Statistical Science, (with discussion), Vol. 5(4): 465–480, 1990. 此文一直到 1990 年才翻译成英文。

② [美] 萨尔斯伯格 . 女士品茶 [M]. 邱东，等，译 . 北京：中国统计出版社，2004.

③ 这个故事曾为费希尔所提及，后来被萨尔斯伯格写进这本科普书，从此广为人知。

费希尔为此设计了一个巧妙的随机实验，来确认这位女士是不是真能品出奶和茶倒入顺序的不同。他准备了 8 杯一样的奶茶，其中 4 杯是先倒奶后倒茶，4 杯是先倒茶后倒奶，并随机地打乱顺序，请这位女士品尝。如果这位女士全部答对，那么，我们可以说这位女士具有分辨奶茶的能力吗?

如果这位女士全部答对了，但全都是蒙对的，这种情况出现的概率，费希尔把它定义为 p。也就是说，在假设这位女士没有办法分辨奶茶的条件下，她却全部答对的概率为 p。这个概率越小，说明我们的假设越有可能是错的。8 杯奶茶任意置换顺序，一共有 $C_8^4=70$ 种排列顺序，这位女士如果猜对了实际的顺序，就相当于从 70 种顺序中猜对了其中的一种，这个 p 值就是 $1/70 \approx 0.014$。通常我们设定的 p 值大多在 0.05 左右，也就是只要 p 值小于这个数，我们一般就认为，这位女士能全部答对奶与茶的倒入顺序是因为运气的可能性很小。现在这个值只有 0.014，所以，我们有理由相信，这位女士具有分辨能力。

随机实验的方法在 1948 年的肺结核治疗实验中获得了成功，即便以今天的标准来衡量，历史上的这第一场随机实验，其设计也称得上非常严谨。我们在《大侦探经济学》终章“因果推断的五种武器——《西游记》番外篇之‘仙丹、蟠桃和唐僧肉——随机实验辨长生’”一节中，对随机实验的逻辑与历史发展有进一步的介绍和说明，采取的叙述方式是笔者杜撰出来的《西游记》的故事场景，读者也可以翻到那里先睹为快。

好，现在回到我们对“另一个犯罪现场”的讨论。

的确，我们没有办法发明那种神奇的药丸，让人们瞬间改变自己的肤色，但是我们可以找到大量类似于弗洛伊德之死案中的案件场景。如果我们搜集到了足够多相似的案件场景，并且把所有相关的因素都转换为可以度量的变量，我们就可以把那些与弗洛伊德之死的场景最接近的案件找出来。在其他条件都相同的情况下，这些案子只有嫌疑人的肤色不同这一点差别。这就好比我们找到了与弗洛伊德很相似的许多个人，他们也有着与弗洛伊德相似的处境，但他们中有些人是非裔美国人，有些人是白人。然后，我们来观察他们最终的结果如何。我们的确不可能再造一个白人弗洛伊德，但我们可以通过控制其他条件，尽可能地拟合出“另一个犯罪现场”。在那些个现场中，嫌疑人可能是非裔美国人，也可能是白人，这就好比历史数据重现了一个自然实验，其中一些场景可以划归实验组，另一些场景可以划归对照组。然后，我们可以计算他们在不同场景下最后的平均结果是怎么样的。而这种平均结果上的比较，就是有无种族歧视的因果性答案。

这就是因果推断的潜在结果模型（Potential Outcomes

Model），是哈佛大学统计学系的唐纳德·鲁宾（Donald Rubin）教授在20世纪70年代中期的一系列文章中明确提出来的理论模型。潜在结果模型的核心是比较同一个研究对象在接受处理和不接受处理两种状态下的结果差异，并把这一结果差异视为接受处理的因果效应。虽然我们无法同时观察同一研究对象的两种状态，但可以借用随机实验的思想和回归估计的方法，把这种平均的因果效应估算出来。除了鲁宾提出的这种因果关系推断的模型之外，知名的计算机学家、图灵奖得主朱迪亚·铂尔（Judea Pearl）教授也在几乎相同的时间里提出了一种叫作因果图的概念，也可以用来阐述这种对因果关系的推断，虽然鲁宾教授似乎一直不肯接受这一点。[①]

《大侦探经济学》的由来

自从20世纪90年代以来，经济学家开始越来越多地使用因果推断的基本框架，进一步发展了工具变量方法、断点回归设计、双重差分方法等识别手段，在经济学的经验研究领域掀起了一场空前的研究高潮。同时，自人类社

① 在《为什么》一书中，铂尔特别辟出一章来讲述鲁宾的潜在结果框架，但在鲁宾于2015年出版的《因果推断》中，却并未提到铂尔的因果图概念，这很能反映鲁宾的态度。另外，铂尔也明确讲到，鲁宾认为因果图一点儿用处也没有。这场学术公案，《大侦探经济学》并未过多涉入，不过，该书介绍的框架基本上是因循鲁宾的，因为因果图的概念在经济学界似乎并不流行。

会进入21世纪以来，伴随着计算机网络的不断发展，数据大量涌现，并能够为普通的研究者所获取，这对于研究各种经济事件背后的因果效应，起到了如虎添翼的作用。

我在2009年第一次接触因果推断的计量经济学，那一年我和合作者一起翻译了麻省理工学院的著名计量经济学教授乔舒亚·安格里斯特（Joshua Angrist）与约恩·皮施克（Jörn Pischke）合著的《基本无害的计量经济学》[①]一书，这本书如今已经成为最受国内经济学者推崇的关于因果推断研究的宝典。[②]2019年，我有幸赴哈佛大学访问一年。在这一年时间里，我得以亲身体验乔舒亚·安格里斯特、今井耕介（Kosuke Imai）、拉吉·柴提（Raj Chetty）、詹姆斯·斯托克（James Stock）以及理查德·弗里曼这些学术名家的课堂，对这一领域有了更深一步的认识和理解。

这本《大侦探经济学》就是我在哈佛大学这一年学习因果推断方法、阅读前沿文献的副产品。我热切地期盼着能够把这一领域的最新进展和经济学大侦探神乎其技的研究设计介绍给读者，让大家一睹当今世界一流学者的工作，

---

① ［美］乔舒亚·安格里斯特，约恩·皮施克.基本无害的计量经济学［M］.郎金焕，李井奎，译.上海：格致出版社，2012.

② 2019年，格致出版社还出版了另外一本由此二人所著的《精通计量》一书，此书比《基本无害的计量经济学》更为通俗易懂，但仍然需要一些统计学和计量经济学的基础知识方能充分理解。不过，阅读我们的这本《大侦探经济学》，却不需要读者预备任何的统计学和计量经济学基础知识，我预设的读者对象是具有高中及以上知识水平的人，期待有更多的人了解这方面的研究和思想，体验思考的乐趣。

并认识到经济学科学性的一面。

我在这本书中选择了10个主题，内容涉及劳动经济学、法律经济学、政治经济学、犯罪经济学、歧视经济学、环境经济学、发展经济学、经济史、货币经济学、宏观经济学以及大数据下的社会与经济问题研究。这些经济学侦探的故事全面介绍了经济学大侦探在各个领域的杰出工作，并通过这种展现，介绍了因果推断革命的基本精神和重要工具。最后，我又通过自己编撰的五个关于《西游记》的故事，详细地向读者介绍了经济学大侦探们使用的因果识别武器，并以此结束全书。

好了，接下来，请您随我一起来领略一下那些像大侦探一样的经济学家们令人啧啧称奇的破案过程吧！

2020年12月3日星期四

于马萨诸塞州坎布里奇寓所

两代学人的哈佛之旅

几个月前，我把《大侦探经济学》这本书的草稿传给了中国台湾新竹清华大学经济系的赖建诚教授。赖老师不久后回复，他逐字阅读了这本书。他对此书给出了很高的评价，还特地写了一篇诚挚的推荐序，既肯定了本书的价值，又对两代人在学术上的传承寄予厚望，因为正好在 30 年前，赖老师也在哈佛大学访学了一年。我读了这篇推荐序之后，多次感动落泪，一方面为赖老师愿意提携后辈的拳拳之心所感动，另一方面也为东西方的这种交流在 30 年间的呼应而感慨。因此，对于这篇序言，我不敢专美，也放在下面供读者赏析。

《大侦探经济学》推荐序

赖建诚

经济思想史学者，中国台湾新竹清华大学经济系荣休教授

2020年在哈佛大学访学一年，李井奎巧遇新型冠状病毒肺炎疫情。上半年的传统课程中断，让他有充裕的时间与心情，逛遍大波士顿的景观，浏览哈佛大学惊人的图书馆与博物馆。疫情反而是难得的体验，让他独享宽敞的法学院图书馆。

在暑期校园清静的美好时光中，他迅速完成了这本有深度的科普，解说如何运用统计分析的因果推断技巧，判定众说纷纭的公案。井奎对计量经济学探索多年，掌握各大名家的分析技巧，熟知主要期刊的重要论文。他知道如何运用因果推断这把手术刀，剖析各类具有争辩性的议题，才能达到深度说服的效果。这些精彩多元的主题，在本书中已充分展现，几年后若有增订，内容必可倍增。

这本科普只是他的部分投入，真正长期深入且令人敬佩的，是他在思想史领域内的基础性投入。证据之一是他独力翻译《凯恩斯全集》[1]内的10卷经典。这是何等的愿力，

① 此处的《凯恩斯全集》指的是剑桥大学出版社2013年的版本，其前10册内容与李井奎教授翻译的《约翰·梅纳德·凯恩斯文集》（共11卷）基本相当。后者囊括了凯恩斯生前亲自审定出版的10部书及6本小册子。——编者注

更需长期蹲马步的硬功夫。期望他再面壁10年，像达摩一样留下影痕。

日本经济学界在20世纪初期，已开始做大量这类基础工作，各种经典早有多种译本可对比。这种十年文献、十年研究的精神，是最应该学习的。经济学界的跟风甚旺，找大数据做统计回归发表期刊，是99%的学者的追求。我期盼有1%的人，不急着向前看，而是愿意对先人的智慧温故知新。

经济学界最有名的温故知新者，其实就是凯恩斯。1929年世界经济大萧条时，他一方面重思为何无法解决失业与通缩，另一方面积极向先贤求取智慧。早年的经典阅读基础，让他灵光一闪，想到马尔萨斯著作中的一个概念。这位以《人口原理》闻名的学者，当时也经历过经济衰退、严重饥荒。马尔萨斯判断主因并非生产不足，而是市场供给过剩，但民间购买力不足，造成无效需求，经济必然崩溃致百姓涂炭。

被有效需求这个概念触动后，机敏的凯恩斯明白良药只有一帖：从取向上说，是政府主动刺激需求；从执行上说，是兴建大型公共设施（水坝、公路、桥梁）、企业减税、降低利率，这些都是现在人们熟知的凯恩斯派政策。但他会诚实地告诉你，这是马尔萨斯的睿见。最直接的证据，当然是凯恩斯的《就业、利息和货币通论》（1936），只要在电子文件中搜寻 Malthus（马尔萨斯）与 effecive demand（有效需求），就可清晰地看出这条谱系。间接的证据是，《凯恩斯全集》第十卷《传记文集》第二篇（第 12 章至第 20 章），凯恩斯在文中表达了对几位经济学家的怀念。此篇依传主年代排序，马尔萨斯居首位。特殊之处是其他传主都只有一篇，而马尔萨斯却有两篇。先是 1922 年 (大萧条之前) 的一般传记，在第 71 ～ 103 页，接着是 1933 年 6 月（大萧条之后），在英国皇家学会期刊《经济学杂志》（*Economic Journal*）上发表的短文，在第 104 ～ 108 页。文中有句重要的评价："马尔萨斯的名字因两件事而不朽，一是《人口原理》，二是他睿智直觉的有效需求原理，此事影响深远，但已被众人遗忘。"中文读者有福了，井奎早已译出此书。

每个时代都会发生让人惊愕的事，失措的主因是当时的知识无法应对。遇到过不去的难关，束手无措之前还有个好办法：回头问祖先的意见。每个时代都有智者，都有特殊的经验，这些智慧都汇聚在经典内。聪明的经济学界，何苦在方程式与统计上挤成一团，虽然技巧上能明察秋毫，但对 2008 年的金融海啸却视若无睹，还劳驾英国女王轻轻问了一句："为什么没人预见这件糟事？"

大家要学学凯恩斯，在难关处要转头问祖先的意见。重点是平时要对先人智慧了然于胸，六神无主惊慌时，才能找对医生开对药，否则无异于找鬼开药方。这就要靠年轻时掌握经典大义。

这本因果推断的科普书，一方面让读书界理解经济学家的本领，另一方面也让我们看到，井奎下深功夫的是凯恩斯著作。这个双层面向，说明他既掌握分析的前沿，也知晓前人智慧的重要性，这是内外兼修、古今贯通的上策。

30 年前，我也在哈佛大学待了一年，也完成一本书稿，对井奎的心境与雀跃感同身受。这一年是我们学术生涯的转折，只是差了一个世代。他的朝气让我感受到岁月的巨轮，他正在奋力奔进，而我已在“沉思往事立残阳，当时只道是寻常”。期盼井奎范例，能启发更多的学界生力军。

2020 年 12 月 4 日星期五

于赴华盛顿特区的火车上

II

美国社会面面观

肆虐美国的“绝望病”

美国是抗击新型冠状病毒肺炎疫情最不力的国家。截止到美国东部时间 2020 年 9 月 15 日晚 8 点，美国感染新型冠状病毒的人数已经有 668.5 万，死亡人数高达 195 934。[①] 而早在美国受到新型冠状病毒侵袭之前，就有一种被称为“绝望病”的疫情在美国肆虐。

所谓的“绝望病”，是指由自杀、酗酒以及吸毒过量所导致的死亡。美国死于“绝望病”的人数，自 20 世纪 90 年代中期以来迅速上升，从 1995 年的每年 6.5 万人，上升到了 2018 年的每年 15.8 万人。

---

① 数据源自美国约翰·霍普金斯大学新型冠状病毒肺炎疫情实时数据。

2015 年，诺贝尔经济学奖得主、普林斯顿大学的安格斯·迪顿（Angus Deaton）教授与妻子安妮·凯斯（Anne Case）携手在《美国国家科学院院刊》（*Proceedings of the National Academy of Sciences of the United States of America*）上发表了一篇颇具开创性的研究美国中年人死亡率的论文，题目叫作“21 世纪美国白人中年发病率和死亡率的上升”。①

在这篇文章中，迪顿和凯斯发现，自从 20 世纪 90 年代以来，美国 45 ～ 54 岁的中年白人非正常死亡比例持续大幅上升，有的死于酗酒，有的死于吸毒，有的则死于自杀。迪顿和凯斯把这种现象称为“绝望之死”（Deaths of Despair）。两位作者发现，死于绝望的人数不断攀升，这种现象集中出现在美国没有受过高等教育的群体之中。而在上过四年制大学的毕业生群体中，其总体死亡率是呈下降态势的，但受教育程度较低的美国人的死亡率则有所上升。在美国，没有上过四年制大学的白人占全部劳动力人口的 38%。

迪顿和凯斯的数据印证了《乡下人的悲歌》② 一书中，作者 J. D. 万斯（J. D. Vance）对美国锈带（Rust Belt）白人悲惨生活的描述。自 20 世纪 80 年代起，在自由化和全球化的浪潮中，美国也开始了去工业化的历程。昔日强大的工业部门逐渐萎缩，导致以五大湖区城市群

① Anne Case and Angus Deaton, “Rising morbidity and mortality in midlife among white non-Hispanic Americans in the 21st century”, *PNAS* 112 (49) 15078-15083.

② ［美］J. D. 万斯 . 乡下人的悲歌 [M]. 刘晓同，庄逸抒，译 . 南京：江苏凤凰文艺出版社，2017.

为代表的工业区出现了经济衰退、人口减少和城市衰败。类似这样工业衰退的地区有一个非正式的称呼——锈带。

锈带的形成始于纽约州中部，向西横穿宾夕法尼亚州、俄亥俄州、印第安纳州和密歇根州，止于伊利诺伊州北部、艾奥瓦州东部和威斯康星州东南部。由于多种经济因素，比如制造业向海外转移、自动化程度提高以及美国钢铁和煤炭工业的衰退，在这片曾经被称为“美国工业心脏地带”的区域内，工业比重持续下降，人们的生活逐渐陷入困顿。

《乡下人的悲歌》一书的作者 J. D. 万斯就是 20 世纪 80 年代出生在锈带的一名普通白人。万斯小时候生活在俄亥俄州的米德尔敦市，这是一个以制造业为中心的地区转变为锈带的典型案例。在万斯小时候，米德尔敦市有一个繁荣热闹的市中心，但今天这片商业区早已是一片萧条。这些昔日繁荣的工业区，如今陷入了毒品、酗酒、贫穷的深渊。

同时，作为美国经济现状的一个突出特征，这里也出现了越来越显著的居住隔离。居住在严重贫困社区的白人工人阶级越来越多。万斯真实地讲述了美国社会、地区和阶层衰落给一生下来就深陷其中的人们带来了多么深远的影响。大多数美国白人蓝领仍然摆脱不了世代的贫穷和困顿，这就像一个与生俱来的枷锁，牢牢地锁在他们的脖子上。万斯成功脱离贫困，最终考上耶鲁大学法学院，这样的案例屈指可数。

2020 年 3 月，美国普林斯顿大学出版社出版了迪顿和凯斯合著的新书*Deaths of Despair and the Future of Capitalism*①，在这本书中，作者描绘了另外一幅令人不安的“美国梦”褪色的场景。

2014—2017 年，美国人的出生预期寿命持续下降，这是自 1918—1919 年著名的“西班牙大流感”流行以来美国人预期寿命首次出现 3 年连降的情况，这不仅是美国，也是所有发达国家都未曾出现过的大倒退。在揭示这些死亡数字之后，迪顿和凯斯还给我们展示了同样令人沮丧的经济数据。两位作者告诉我们，美国没有上过大学的男性的实际工资已经持续下降了 50 年，与此同时，上过大学的毕业生收入比那些没有上过大学的人竟然高出了 80%。随着越来越多受教育程度较低的美国人找不到工作，黄金年龄的男性在劳动力大军中的比例一直呈下降趋势，女性劳动力的参与率自 2000 年以来也一直呈下降趋势。

在美国，受教育程度的高低把美国人分成了两个群体。这两个群体的差异不仅体现在收入上，也体现在健康状况上。受教育程度较低的群体健康状况要差很多。新型冠状病毒在美国的流行，也再次暴露了之前一直存在的不平等状况。美国底层民众的生存资源越来越少，完全经不起一轮又一轮的危机冲击。

1979 年，美国家庭债务在收入中的占比为 47%，2008 年攀升到 95.5%。在 2008 年的金融危机中，由于失业再加上房价下跌，美国

① Anne Case, Angus Deaton, *Deaths of Despair and the Future of Capitalism*, Princeton University Press, 2020。我写作本文时尚未看到这本书的中文版，直至 2021 年 2—3 月修订时才看到，中文版译名为《美国怎么了》。

有上千万个家庭申请破产，失去了一切。2018 年，美国贫困人口为 3 810 万，有 50 多万人流落街头，领取食品券的人数高达 3900 万，比 2008 年增加了 40%。今天，有 40% 的美国人拿不出 400 美元以上的紧急支出，2019 年有近 1/3 生病的美国人放弃了治疗。

迪顿和凯斯在 2015 年首次发表有关“绝望之死”的研究成果时，他们的研究重点是美国的中年白人。但随着研究的继续深入，他们发现，这种严峻的趋势并不只是出现在中年白人中，在所有没有接受过大学教育的美国人中，因绝望而死的人数同样在激增。两位作者试图在他们的新作中解释这一现象产生的原因时发现，与其他高收入国家相比，美国工人阶级的生活状况显然更为悲惨。

如果说技术进步等因素导致美国工人阶级面临失业等威胁，那为什么欧洲和其他发达国家的工人阶级没有陷入同样的困境呢？事实上，与德国、日本、法国乃至英国相比，美国的社会不平等程度更为严重，中产阶级的收入停滞不前已经是世所公认的现实情况。

约瑟夫·斯蒂格利茨（Joseph Stiglitz）在《美国真相》[①] 一书中记录了大公司如何通过占据市场垄断地位以支付更低的工资来压榨劳动力。同时约瑟夫也提出，工会的衰落使工人们的议价能力被大大削弱；资本替代劳动、劳务外包成为常态，而美国政府在这一过程中压根儿没有起到缓和与补救的作用，致使工人阶级的境况每况愈下。此外，美国还有着全世界最昂贵的医疗体系，教育支出节节

① ［美］约瑟夫·斯蒂格利茨 . 美国真相 [M]. 刘斌，刘一鸣，刘嘉牧，译 . 北京：机械工业出版社，2020.

攀升，医疗和教育支出对于普通的工人家庭而言就像两座大山，压得他们无法喘息。

2000 年之后，美国白人因自杀、酗酒和滥用药物导致的死亡率甚至超过了非裔美国人，但非裔美国人在过去这些年中因绝望而死的人数也在大大增加。许多困扰工人阶级的问题已经跨越了种族，同时也跨越了经济上的繁荣与衰退。

在 2008 年金融危机爆发之前，因绝望而死的人数一直在上升，当时美国的失业率也从 4.5% 攀升到 10%。在失业率逐步下降至 3.5% 后，死于绝望的人数不仅没有减少，反而在持续上升。这些数据都说明，“绝望病”的背后，不只是一时的经济兴衰，更说明美国社会的收入结构出现了问题。美国经济的增长只促进了小部分人的收入增长，而更多人并没有从中获益。在两位作者看来，死于绝望的人数激增，与劳动者地位下降、企业权利扩大、“掠夺式”医疗行业把劳动阶层的财富输送给富裕人群等因素有莫大的关联。

迪顿和凯斯这两位经济学家向我们描述的这样一幅褪色的“美国梦”图景，不禁令人生出无限感慨。昔日的“机遇之地”（land of opportunity），如今竟使如此之多的工人因痛苦和绝望而死，如何不让人叹息。正如许多伟大的国家和时代一样，它们或许都曾经历繁荣和辉煌，但衰落与腐败的因素也在潜滋暗长。面对如此局面，美国民众心中的不满日渐累积，亟须这个国家能够从政治和经济等多个层面进行改革。

而凤凰是否终得涅槃，将是对美国的制度和精英人士智慧的一场重大考验！

2020 年 9 月 15 日星期二

于查尔斯河畔

美国毒品泛滥与墨西哥禁毒之殇

最近有一则新闻，在国内经由央视新闻的发布而在网络上瞬间“炸锅”。

美国俄勒冈州和华盛顿州宣布，少量持有可卡因、海洛因等硬性毒品的行为将被合法化。亚利桑那州、蒙大拿州、南达科他州、新泽西州和密西西比州也先后宣布大麻合法化。至此，美国仅剩 15 个州仍坚持持有大麻为违法行为。

更令人无法理解的是，支持者声称，毒品合法化能为美国各地政府带来额外税收，并将其投入为吸毒者提供医疗服务上。他们还认为，此举将使之前的惩罚性毒品政策向更加人道、健康的方向发展，从而对美国日益严峻的毒品问题产生积极影响。

看到这里，我相信，大部分如我一样的中国读者，已经无法相信自己的眼睛了。

说实话，我刚到美国的时候对这些完全不懂，也是一头雾水。上半年，我楼下的白人租户离开了，搬进了非裔美国人大哥一家。然后，我这辈子第一次闻到了大麻的味道。楼下每次一抽烟，一股特别难闻的味道便会顺着楼道飘上来，每当这时我的室友就眉头紧锁："又开始抽大麻了！"我刚来的时候，美国的朋友提醒我，晚上九点以后要尽可能少出门，早上尤其不要太早出门活动，因为这个时候许多夜里刚吸完毒的人可能才刚刚缓过劲来，脑子不清楚，说不定会做什么出格的事情。我这才知道，原来在美国吸食毒品包括大麻在许多州是合法的。在全美乃至一些西方国家，毒品泛滥的问题是如此严重！

在当今美国，毒品已经在各个社会阶层泛滥开来，无论是在贫困的农村白人居住地，还是城市的非裔美国人贫民窟，甚至是富人生活的郊区，以及名校和华尔街，吸毒早已不是个别人的边缘化行为，而是渗透于美国主流文化的普遍现象。美国毒品问题所造成的经济损失高达每年约 1200 亿美元。根据美国卫生部门的调查报告，全美有 10% 的成年人承认自己曾对大麻或违法毒品有瘾，有 4% 的人承认自己目前仍有毒瘾。所谓的违法毒品，包括可卡因、冰毒、海洛因、摇头丸等。而在中国，这些都在严禁之列。

除了这些之外，还有许多人在滥用处方药，这部分群体大概占成人总数的 6%。在许多州，一些毒品虽然不能合法地用于娱乐，却能合法地用于药物治疗，于是就造成了滥用药物的问题。虽然我们不知道美国到底有多少经常吸毒还没有成瘾的人，但绝大部分国际调查都认为，美国是全世界人均毒品用量最高的国家之一。

美国疾控中心发布的报告称，2002—2013 年，美国 12 岁以上人群中，吸食海洛因的人数增长了 63%，死亡人数增加了 3 倍。《纽约时报》有报道称，2016 年因吸毒过量死亡的人数约为 6.4 万，几乎两倍于枪支造成的死亡人数。而滥用药物导致死亡的人数，增长速度更加可怕，在 2013—2016 年上涨了 540%。根据著名医学期刊《柳叶刀》的说法，2019 年美国因滥用药物致死的人数近 7.2 万，达到了历史最高水平。此外，有媒体估计，疫情期间，美国吸毒过量致死人数大幅上涨，在个别地区，如俄勒冈州和弗吉尼亚州等地，2020 年第二季度吸毒过量致死人数与去年同期相比上涨了近 70%。

美国毒品泛滥成灾，既有民主制度和医疗体制的原因，也有个人主义和自由观念的原因。

在美国，许多人认为，吸毒是个人问题，是个人的权利。就像我就这个问题与一位麻省理工学院的博士交流时他说的那样：“你可以选择好好活着，也可以选择不好好活着，这是你的自由。我虽然不主张吸毒，但我不反对别人吸毒。”在他们看来，只要在个人的可控范围之内，不会导致严重的社会后果，那吸毒就不关他人的事。而且，各种调查显示，有近一半的美国人不认为吸毒是一个问题，整个社会对毒品的宽容态度，也导致许多年轻人禁不住诱惑，走上了自我毁灭之路。

在民主制度的前提下，当这种观念深入人心的时候，如果候选人提出禁毒的竞选方案，那么他几乎没有胜选的希望。所以，在美国，虽然毒品泛滥成灾，我们却很少看到政界对这样的事情提出什么特别的治理方案。也许，在这样的背景下，俄勒冈等州出台的毒品政策也是无奈之举。

当今的美国是全世界最大的毒品消费国，消费掉了全世界近 60% 的毒品。如此巨大的毒品市场，自然也让全世界的毒贩们垂涎三尺。很难说，到底是以大毒枭遍地而闻名的墨西哥催生了美国的毒品市场，还是美国有着巨大需求的毒品市场催生了墨西哥的贩毒产业。

2020 年 9 月 16 日是墨西哥独立 210 周年纪念日。在这一天，特朗普总统通过白宫发布的一则备忘录表示：“明年，除非墨西哥政府在可核查的数据支持下（在禁毒方面）取得实质性进展，否则将因未切实履行在毒品管控方面向国际社会作出的承诺而面临严重风险。”他还威胁说，如果墨西哥放弃打击毒品犯罪的努力，将有可能导致美国和各大国际机构停止向墨西哥提供这方面的财政援助和支持。

那么，墨西哥政府有没有对境内的毒枭进行过打击呢？答案是有！不但有，还很酷烈，但最后都以失败告终。

墨西哥与美国相邻，两国边境线长达 3000 多公里，长期以来墨西哥的毒品、违禁品及非法出境者都是从边境线进入美国的。

从 20 世纪 80 年代中期开始，由于南佛罗里达及加勒比海地区的执法力度加强，墨西哥毒贩就成为哥伦比亚可卡因的可靠运输者。初期，墨西哥人主要通过从中收取运输费牟利，到了 20 世纪 80 年代后期，墨西哥人和哥伦比亚人改为以买卖方式结算，这使得墨西哥毒贩除了运输毒品之外，还参与毒品的分销，力量进一步壮大。墨西哥贩毒集团从哥伦比亚或者秘鲁买下 1 千克可卡因只需要 2000 美元，但转手卖到美国就可以获得 10 万美元，如此暴利，自然令贩毒集团敢于践踏一切法律，犯下罪行。

众多墨西哥贩毒集团之间的势力平衡经常因为新加入者的兴起和原有参与者的衰微而发生变化，此时就会引发敌对帮派因争夺地盘和利益而导致的暴力流血事件。贩毒集团的仇杀从 1989 年开始，到了 1990 年后期有所缓和，从 2000 年起再度恶化，暴力事件日渐增多。墨西哥政府在这一过程中虽然也曾多次打击贩毒集团，但成效并不显著。

2006 年 12 月 1 日，墨西哥右翼政党国家行动党在大选中获胜，新总统费利佩·卡尔德龙（Felipe Calderon）上台。这位新总统曾在哈佛大学取得公共管理硕士学位，是一名虔诚的罗马教教徒。他上台之后，开始把打击贩毒集团作为首要任务，展开了声势浩大的联合扫毒行动。

这就是著名的“墨西哥毒品战争”。

当时，墨西哥国家行动党主政的政府宣称，它的目标主要是遏止贩毒集团之间的暴力事件，以及瓦解强大的贩毒集团。但墨西哥的毒枭势力不容小觑，两个最大的毒枭联合起来拥有超过 10 万名步兵，这些武装力量成为墨西哥政府军的强大对手。自 2007 年起，墨西哥与毒品交易有关的暴力犯罪大幅增加，在卡尔德龙总统的任期内，官方统计在毒品战争中死亡的人数至少有 6 万。到了 2013 年，估计死亡总人数为 12 万，其中还不包括有 2.7 万人失踪。

2019 年 1 月 30 日，墨西哥总统洛佩斯·奥夫拉多尔（López Obrador）宣布，墨西哥毒品战争正式宣告结束。

墨西哥国家行动党发起的这场毒品战争，每年耗资约 90 亿美元，相当于政府用于社会发展的总支出。但是，这场毒品战争的具体效果到底怎么样呢？它到底是把墨西哥从毒贩遍地的罪恶渊薮中拯救了出来，还是像反对者所称，把整个国家拖入了深渊，陷入了暴力和分裂的结局呢？

2020 年刚刚获得被美国经济学界称作小诺贝尔奖的“约翰·贝茨·克拉克奖章”的哈佛大学经济系教授梅丽莎·德尔（Melissa del），在国际顶级经济学期刊《美国经济评论》（*The American Economic Review*）上发表了一篇名为“非法交易网络与墨西哥毒品战争”（Trafficking Networks and the Mexican Drug War）的文章，[①] 回答了上述问题。

德尔教授使用她最擅长的因果推断工具——断点回归方法，向

① Dell, Melissa, “Trafficking Networks and the Mexican Drug War,” *American Economic Review*, Vol. 105, No. 6, pp. 1738-1779.

我们证明墨西哥国家行动党的这场禁毒之战，不仅没有减少毒品的供给，反而造成了墨西哥境内恶性刑事案件激增。

德尔教授的这一研究发人深省。同时，这也让我们再次陷入了思考的困境，仿佛毒品问题在西方已经成为一个打不开的死结。

即便是一向以所谓耿直敢言著称的特朗普总统，也不敢对国内喊出禁毒的竞选主张，反而把气全撒在墨西哥政府身上。可是，如果特朗普总统能够读一下德尔教授等人所做的这类研究的结果，他也许就不会再那样讲了。

当然，很可能特朗普总统对此早就心知肚明，对他来说，把气撒在墨西哥政府身上才是明智之举。

2020 年 11 月 20 日星期五

于麻省理工学院杜威图书馆

那些吃低保的美国人，是被市场经济淘汰的吗

上周到弗吉尼亚去参观几位美国领导人的故居，期间我和朋友一起拜会了一家姓林的华人。

这家人是前些年从中国到美国来的，先是在纽约生活，后来因为太太在弗吉尼亚的自由大学找到了一份教职，就全家搬迁到了弗吉尼亚州定居。现在，因为孩子已经去读高中，所以平时家里只有夫妻两人。

朋友与他们的私事办完之后，林太太拿出她最新烤制的饼干，我们几个人坐在客厅闲聊起来。

话题自然而然地转到美国大选上来。

林先生对大选的结果表现得非常激动："民主党人偷走了选举结

果。拜登上台，那些吃福利的人只会更高兴。”林太太很有兴趣地向我介绍他们所在的阿巴拉契亚高地的美国人的生活情况：“大批美国人靠领取福利生活，他们的生活真的很惨。在来美国之前，我们想象的美国人都是生活在纽约、洛杉矶这些大城市，但来到这里之后，我才发现，美国中部民众的生活太苦了。这也难怪他们会选出特朗普来。”

林先生继续说道：“这都是福利害的。那么多年轻人不思进取、不求上进，就等着吃国家的低保，有了几个钱就吸毒，他们不受穷谁受穷？这些美国人就是日子过得太好了，都是福利闹的。”

从林家出来，朋友对林先生的观点表达了反对：“他们自己享受着美国的免费医疗和各项福利，却去指责别人不该享受这样的福利，这不是很矛盾吗？而且，基本的保障总还是要有的。”

两方都有自己的道理，但结合我从波士顿一路南下看到的美国民众的生活状况，确实感觉美国的中部地区是很落后的。这里工业凋敝，人们的生活状况确实不大好。

与此同时，我也在想一个更深一层的问题：我们的市场文明，作为一种人类生存的算法，它本身是不是反人类的呢？

市场文明，或者说市场机制，在亚当·斯密的经典著作《国民财富的性质和原因的研究》[①]中，是作为一种最值得肯定的财富生成机制而备受希冀和颂扬的。

在亚当·斯密的时代，全世界大部分人还生活在普遍贫困当中，

---

① ［英］亚当·斯密．国民财富的性质和原因的研究（上下卷）[M]，郭大力，王亚南，译．北京：商务印书馆，1972.

以至于英国经济学家马尔萨斯在《人口原理》[①]中提出，人类几乎注定生活在死亡线上下。因为一旦有新的资源被发现，人类就会生育更多的后代，而这会耗尽生活资料的来源，最终使得一部分人不得不处于死亡线以下，从而被社会淘汰。

马尔萨斯的这种担心，被后人称为“马尔萨斯陷阱”。事实上，我们国家直到 20 世纪 70 年代，也仍然在被粮食问题困扰，直到改革开放之后，温饱问题才算真正得到解决。

在亚当·斯密的时代，或者说在马尔萨斯的时代，他们是不会担心林先生所忧虑的这类问题的。

虽然在美国享有福利的人很多，据说有几千万，可美国的经济总量仍然是世界第一，也就是说，福利制度并没有导致美国成为一个竞争力极差的国家。而且，相比于欧洲，美国几乎可以说得上是残酷资本主义的代名词。与北欧国家施行的“从摇篮到坟墓”的国家福利制度相比，我们很难赋予美国“福利国家”的美誉。相比于欧洲各国，美国只能算是满足了国民的基本生活保障而已。

在美国，许多政客把中部锈带白人失去工作，归咎于中国加入世界贸易组织之后，美国国内涌入了大量廉价的中国劳动力。那么，事实是不是如此呢?

的确，美国麻省理工学院经济系的知名经济学家达龙·阿西莫格鲁和著名的劳动经济学家戴维·奥特尔（David Autor）在他们合作

① ［英］马尔萨斯. 人口原理 [M]. 朱泱，胡企林，朱和中，译. 北京：商务印书馆，1992.

完成的论文“进口竞争与21世纪美国就业大幅减少”中[①]，以极其详尽的定量分析说明，由于来自中国的进口商品增加，虽然美国消费者整体上是受益的，但这也造成了1999—2011年美国的制造业就业岗位减少了98.5万个。可是，在阿西莫格鲁和另外一位经济学家帕斯夸尔·雷斯特雷铂（Pascual Restrepo）合作完成的论文“人工智能、自动化与工作岗位”[②]中，两位作者发现，如果为每1000名工人配备一个机器人，将会导致6名工人失业，工资下降3/4。也就是说，对于美国来说，相比于中国的廉价劳动力加入世界经济造成的失业，自动化造成的制造业失业更为严重，资本替代劳动，使得失业成为一种全球现象。

在新古典主义经济学家看来，尤其是在以芝加哥学派为代表的自由主义经济学家眼中，工作岗位是不会稀缺的。在这方面，张五常教授在加州大学洛杉矶分校的老师阿尔钦说得最明白。

> 我们生活在一个商品匮乏而不是工作机会匮乏的世界。生产这些商品需要工作。这意味着可以获得的工作任务无穷无尽。那么，为什么还存在失业这种现象呢？阿尔钦认为，这要认真地分析“失业”这个概念。“虽然关于失业尚

---

① Daron Acemoglu, DavidAutor, DavidDorn, GordonH. Hanson, Brendan Price, 2014, “Import Competition and the Great U.S. Employment Sag of the 2000S”, *NBER workingpaper*.

② Daron Acemoglu, Pascual Restrepo, 2018, “Artificial Intelligence, Automation and Work”, *NBER workingpaper*.

未有一个普遍采用的明确定义，但常被使用的失业概念，并不包含那些选择不去工作的退休人员或富人。这个概念既不包括那些在家料理家务因而不到市场上去找工作的配偶、身体或精神严重残疾的人，也不包括对自己应该得到的报酬抱持着严重夸大信念的人。关键的区别在于没有工作和失业这两者之间。没有工作的人，也包括许多出于某种原因选择不找工作的人。我们在这里只谈那些想就业，正在设法寻找合适的工作的人。”①

阿尔钦认为，人们并不是被迫必须去找份工作的，所以人们不会随随便便找个工作做着就行，“一般来说，你会想要一份你能干的最有价值的工作。人们会明智地选择在某些时候不去工作，而不是无论付多少薪水马上找一份能找到的工作就行”。所以，“人们失业在家，是为了在选择可以找到的最佳工作之前，更有效地评估替代方案”。

面对自动化正在消灭工作岗位的质疑，阿尔钦教授这样回答：“早前用于制造资本设备的劳动力，现在正在被使用这些资本设备的人所取代。被取代的工人可以从事其他工作，这些工作可能价值更低，工资也更低。那些设计、制造机器人以及为机器人编写程序的薪资较高的人，取代了以前那些手工制作冰激凌的低工资人群。”

---

① Armen A. Alchian, William R. Allen, Jerry L. Jordan, *Universal Economics*, Liberty Furd Inc., 2018.

问题在于，阿西莫格鲁和雷斯特雷铂之前也与阿尔钦一样，如此看待自动化造成的结果的。在二人先前合作的另外一篇名为“机器和人之间的比赛”（The Race Between Machine and Man）[①]的文章中，他们也认为，自动化的增多可能会创造崭新的、更好的工作，因此，就业和工资最终会回到以前的水平。如起重机取代了码头工人，却为工程师和金融业从业者提供了有关的工作，从理论上说，新技术为软件开发人员和数据分析师创造了新的就业机会。

但那篇名为“机器和人之间的比赛”的文章以及阿尔钦的理论，都是一种概念上的推断，而“人工智能、自动化与工作岗位”这项新的研究，采用的是实际数据，它所展现的悲观未来似乎更为可信。两位作者惊讶地发现，自动化之后，其他领域的就业机会增加得很少，根本无法弥补制造业方面的岗位减少。

而有意思的是，由于中国加入世界贸易组织和美国产业自动化的趋势所造成的就业岗位减少，并未降低美国经济的增长速度和总财富。相反，无论从哪个角度来衡量，美国的总体财富都是在不断上升的。

这就引出了我之前想到的那个可怕的问题：市场机制引发的全球化和自动化倾向，最终会不会天然导致一部分人成为多余的人？

这些人只需要生活下去，而且市场经济也能够创造出足够多的财富供养他们生活下去，但是，他们却并不为我们的经济所需要。

---

① Daron Acemoglu, Pascual Restrepo, 2017, “The Race Between Machine and Man: Implications of Technology for Growth, Factor Shares and Employment”, *NBER workingpaper*.

此时，再回过头来想想凯恩斯的那些话，我们就不会认为他杞人忧天了："如果经济问题得到解决，那么，人类就会失去他们传统上的那种生存目的。""对于一个普通人来说，那些经过世代的培养和积累，已经根深蒂固的习惯和本能，要他在几十年之内悉数抛弃，从而由内而外脱胎换骨、焕然一新，在习惯和本能上来一次改头换面，真的能够毫无滞碍吗？一念及此，我还是隐然有畏惧之感。"①

那么，凯恩斯认为人类进入丰裕时代之后该怎么打发自己的人生呢？"经济问题退居其次，回到它本来应在的位置上去，时日已然不会太久，我们心灵和头脑的舞台将会重新被那些真正的问题所占据。人生的问题，人类关系的问题，艺术创造、品行修养和宗教信仰的问题，这才是人类真正的问题。"②

可是，人类真的会像凯恩斯所设想的那样，去探究他认为的真正的问题吗？事实上，人们更多的时候只会像生活在美国中部锈带的许多年轻人那样，在基本的生活得到社会福利制度的保障之后，选择打游戏和吸毒。他们的人生失去了传统上的围绕生存展开的目的。

许多人认为，美国面临的问题对我们而言远在天边，世界范围内仍有大量人口收入尚低，我们还远不会面对类似的隐忧。而事实上，我担心的是市场文明这套算法演化得太快，在这些人口还没有真正享受文明的更高成果时，他们就已经被抛在了历史的尘埃中。

---

① ［英］约翰·梅纳德·凯恩斯. 劝说集 [M]. 李井奎，译. 北京：中国人民大学出版社，2016.

② 同上。

美国的今天，也许就是我们不远的将来。

2020 年 12 月 17 日星期四

于马萨诸塞州坎布里奇寓所

当美国梦遇到了学区房

在美国，如果要买一栋房子，大家最在意的三大要素是：地段、地段、地段！

美国的住宅区域划分，富人区和穷人区泾渭分明，可能只是相距一条街，整个环境就大不相同。在哈佛大学访学期间，我曾骑车游遍了波士顿市区。布鲁克林区、贝尔蒙区都是富人区，里面绿树成荫，公共设施和治安环境都非常好，而越是往南骑，环境就越是恶劣，途经两个以非裔美国人为主的住宅区，只能以“脏乱差”来形容。在美国，富人区大多环境优美、治安良好，而穷人区则多半环境脏乱、犯罪率高。

居住隔离，把美国分成了截然不同的两个部分。

1987 年，哈佛大学社会学系教授威廉·朱利叶斯·威尔逊（William Julius Wilson）在美国出版了一本名为《真正的穷人》（*The Truly Disadvantaged*）的学术畅销书，[①]这是一本研究居住隔离的负面效果的权威著作。此书给美国联邦贫困问题专家带来了启发，于是，美国启动了一项政府实验项目。

这个项目的名称叫作“搬向机遇”（Moving to Opportunity，简称 MTO），该项目让美国 855 户低收入家庭从贫困城区的公租房搬到经济状况更好的社区，这些家庭基本上都是非裔美国人和拉美裔美国人。该项目始于比尔·克林顿的第一个任期，当时，美国住房与城市发展部从巴尔的摩、波士顿、芝加哥、洛杉矶和纽约随机选择了一大批有小孩的低收入家庭，为他们提供了这种搬迁机会。这些家庭中 98% 都是由女性支撑的，63% 为非裔美国人、32% 为拉美裔美国人，3% 为美国白人；其中有 26% 的家庭有工作，76% 的家族领取救济，人均收入水平不到美国普通家庭收入水平的一半。该实验始于 20 世纪 90 年代中期，在 2010 年左右基本宣告结束。

参与这个实验项目的一共有 4604 个家庭，共分为三组。

第一组有 1819 户，美国政府向他们提供了“《住房法案》第八条规定的租赁补助券或代金券，但只能在 1990 年贫困率低于 10% 的人口普查区内使用”，即这些租赁优惠券只能用在传统意义上的富人

① William Julius Wilson, *The Truly Disadvantaged: The Inner City, the Underclass, and Public Policy*. Chicago: University of Chicago Press, 1987.

区，这一组共有 855 户接受了实验要求，进入实验。

第二组有 1346 户，政府向他们提供的是更为传统的租赁券，可以用在任何社区之内，并不限制在富人区，其中有 848 户接受了实验要求，进入实验。

第三组是对照组，共有 1439 户家庭，他们仍然留在公租房社区。

至于这一项目的研究目的，美国住房与城市发展部表示，该实验旨在测试受助家庭进入低贫困社区后在住房、就业和教育成就方面的长期效应，以及搬迁对领取租赁券人员的健康的影响。

实验结束之后，负责这一项目最终评审的项目主管、芝加哥大学经济学教授耶恩斯·路德维希（Jens Ludwig）以第一作者的身份在经济学顶级期刊《美国经济评论》上发表了一篇题为“低收入家庭的长期社区效应：以‘搬向机遇’项目为例”（Long-Term Neighborhood Effects on Low-Income Families: Evidence From Moving to Opportunity）的文章。[1] 这篇文章表明，虽然参加这个项目的家庭在比如糖尿病与肥胖症等几项关键的成人心理与生理健康指标上有所改善，幸福感有所提高，但光是改变居住社区，似乎并不足以改善底层家庭的就业或学业，他们没有观察到允许人们搬迁到低贫困地区的特殊租赁券在这些方面产生了什么持续效应。

但这项研究遭到了威廉·朱利叶斯·威尔逊的抨击，他认为，该项目的设计存在严重缺陷，是这些缺陷导致了参与者在就业与学业

---

① Ludwig, Jens, et al, “Long-Term Neighborhood Effects on Low-Income Families: Evidence From Moving to Opportunity”, *American Economic Review*, Vol.103, No.3, May 2013.

方面未能有所改善这样的结论。威尔逊认为，这个项目中搬离公租房的家庭还是搬到了社群隔离社区，不但就业机会没有改善，而且学校也同样糟糕，子女往往还是在原来的学校上学。他们的社会状况改变并不明显。而且，威尔逊和他的同事还指出，参与该项目的许多成年人已经在极端贫困的环境中生存了几十年，子女们的平均年龄在实验开始的时候已经 11 岁了，这些早年在贫困环境中的耳濡目染，会使实验的效果大打折扣。

那么，到底路德维希和威尔逊谁是谁非呢？我在哈佛大学上了拉吉·柴提教授的“用大数据解决社会和经济问题”的课程，在这门课上，柴提教授向我们讲述了他和合作者如何利用“搬向机遇”实验项目的数据，与联邦个人税收数据相结合，考察居住社区的环境对儿童成长的长期影响。①

柴提教授与合作者提出了两个假设：第一，参与“搬向机遇”实验的儿童，其年龄越小，就越容易受到低贫困社区的影响，长期的经济表现提升更明显；第二，随着孩子搬入低贫困社区的年龄增加，他们从中获得的收益变得越来越小。这两个假设都是之前的文献没有研究过的新视角，在柴提等人开始研究的时候，参加“搬向机遇”项目的那些孩子中哪怕是最小的也已经过了大学毕业的年龄，都已经参加工作，这就为柴提等人验证他们的假说提供了良好的机会。于是，他

① Chetty, Raj., Nathaniel Hendren, Lawrence Katz, “The Effects of Exposure to Better Neighborhoods on Children: New Evidence from the Moving to Opportunity Experiment”, *American Economic Review* 106(4): 855-902.

们集中研究了“搬向机遇”实验项目中的儿童日后的表现，主要集中在未来的收入、大学录取率以及对其他表现的影响。

柴提等人首先估计了“搬向机遇”项目对年幼的孩子的影响，这些孩子的年龄被限定在13岁及以下，参与实验的家庭的孩子平均年龄大约为8岁。三个实验组中的儿童有着不同的成长环境。作者们发现，那些实验组的孩子，即接受了租赁优惠的家庭中的孩子，如果在实验开始时年龄不到13岁，那么，与对照组的孩子相比，即仍然留在公租屋社区的家庭中的孩子，前者在20多岁时的平均收入要比后者高1624美元。鉴于对照组的孩子成年后的平均年收入才11 270美元，可以说，这是一个很大的差距了。此外，实验组的孩子上大学的比例也比对照组的孩子高2.5个百分点，后者上大学的比例是16.5%。而且，实验组的孩子在成年时也比对照组的孩子们更少生活在单亲家庭里，也就是说，搬去低贫困社区的家庭破裂的概率要更小。

而对于参加“搬向机遇”项目时年龄在13～18岁的更大一些的孩子而言，这个项目对他们的影响就非常不同了。柴提等人发现，在这三个组中，无论是实验组还是对照组，孩子们的平均表现并没有显著的差别。甚至实验组的那些孩子长大之后的表现还略微比对照组更差，也就是说，那些在13岁以后搬到低贫困社区的孩子，反而在未来表现得更差了。作者们认为，这可能是因为年龄更大的孩子由于实验的原因导致生活突然发生变化，搬到了一个完全陌生的环境，这对于青少年来说，可能割断了他们的社会网络，对其成长发展产生了不良影响。

柴提等人在文章中还发现，“搬向机遇”项目对参加该实验时已经成年的人们未来的经济成就几乎没有什么影响，这方面倒是印证了路德维希等人之前的结论。同时，他们针对实验中儿童的未来表现的研究也证实了威尔逊等人的批评。这些结论证明，在美国，低贫困社区对于子女的未来发展具有正向的作用，但仅限于比较年幼的孩子，一旦这些孩子在搬入低贫困社区时已经比较年长，那么这种效果就不再明显。

在经过多年对美国社会代际流动性的表现和形成原因的研究之后，柴提教授还主导了一个名为“机会洞察”（Opportunity Insights）的研究基金会。自 2019 年以来，该基金会已经从包括比尔·盖茨基金会在内的多家慈善机构获得了高达数千万美元的捐款，旨在消除城市贫困，改善美国贫困阶层的处境。

柴提教授不仅是一个关心社会贫困和发展问题的学者，也是一名学术造诣精深、起而行之的杰出代表。当柴提教授在课堂上向我们展示“机会洞察”项目所取得的一些进展时，大家回报以长久的掌声。这些今天在哈佛大学的课堂上与柴提教授的研究产生共鸣的学子们，很可能会成为推动美国社会变革、消除贫困和收入不公的改革推手。

谁又能说，这不是美国的希望所在呢？

2020 年 9 月 18 日星期五

于马萨诸塞州坎布里奇寓所

美国总统选举背景下的华裔身影

最近，美国最大的新闻莫过于特朗普总统和第一夫人双双感染新型冠状病毒住院治疗这件事了。

就在 2020 年 10 月 1 日这天，特朗普发了一条推文："今晚，第一夫人和我被验出新型冠状病毒阳性结果。我们会立刻展开隔离与复原治疗。我们会一起渡过这个难关。"特朗普夫妇感染新型冠状病毒，消息一出，不少支持民主党的选民幸灾乐祸，特朗普的粉丝则更加狂热地表达着对他的支持。在各种社交媒体上，双方展开了激烈的骂战。而在这些人中，也出现了不少华裔的身影。

也许，从来没有哪一届总统选举像这一届这样，在华裔选民中引起如此巨大的纷争。在美国的华人一向被主流社会认为是所谓的模范少数族裔。美国主流社会对华裔的整体印象就是埋头苦干，学习和工作都很努力，从不招惹是非，也很少在政治上发声。这实际上是美国主流社会强加给华裔的一种刻板印象。所谓“模范”，说明华裔比一般美国人更容易获得成功，事实上，华裔是少有的几个平均工资水平超过美国白人的族裔之一。同时，少数族裔这个身份也阻碍了华裔为自己的事情发声，或者说，即使发出声音，也很少有人能够听到。

让我们先来看看美国华人的历史吧。

截至 1930 年，大约有 800 万中国人背井离乡，移居世界各地。凭借勤劳、智慧和华人特有的组织本领，他们常常能够在移居的当地社会顺利成为店主、商人和银行老板，这也导致他们时常受到政治上的迫害和零星的暴力骚扰。20 世纪，印度尼西亚、墨西哥都曾发生过针对华人的大屠杀暴行，许多其他地区也经常对华人作出种种限制。

美籍华人是世界华侨大军中的一个极小的组成部分。1849 年，人们在加利福尼亚地区发现金矿，华人向美国大规模迁徙的历史由此开启。许多华人作为合同工或通过同乡会来到美国，虽然身形比美国人瘦小，但在农业、铁路修建和其他繁重的体力劳动方面很能吃苦，而且他们对薪水要求低、生活简朴，能从美国人认为的微薄收入中省下钱来。正是这样的品质，使得华人被美国白人视为竞争对手，又恨又怕。美国人对待这些华人移民态度非常苛刻，有时甚至十分粗暴。1882 年，美国政府出台《排华法案》，大大削减了华人移民来美的数量，从此之后，华人赴美移民的大门几乎被彻底关闭。直到 1943 年，这部法案才被废除。加利福尼亚州议会和美国参议院分别于 2009 年和 2011 年，正式为历史上的《排华法案》向华裔美国人道歉。

20 世纪 50 年代之后，许多中国人辗转来到美国，这使得美国的华人人口在 20 世纪 60 年代几乎翻了一番，达到 435 000 人。此后每年大约有 20 000 名中国人从中国香港和中国台湾进入美国。20 世纪 80 年代改革开放后，大批中国大陆的人来到美国求学、工作、移民。2018 年，美国联邦人口普查局发布美国亚太裔人口最新统计数据，其中华人以 508.17 万人居首，紧随其后的是印度裔，约 412 万人。在收入方面，华人家庭的年收入中位数约为 7 万美元，稍低于整体年收入中位数约 7.62 万美元的亚裔家庭，高于收入中位数约为 6.13 万美元的白人家庭。

以在不同时间段来到美国划分，美国华裔自然分成了三个群体：一是从 19 世纪就来到美国定居的老一代移民；二是从中国香港和中国台湾过来的中国移民；三是改革开放后从中国内地到美国来的新一代移民。

根据过去的经验和民调，华裔选民中约有 65% 支持民主党，其余的 35% 支持共和党或中间派。但随着新一代华人移民的加入，对民主党和共和党的爱与恨，华裔群体呈现出错综复杂的情绪。

近几十年来，民主党一贯标榜为少数族裔和弱势群体争取权利，所以，华裔原本是倾向于民主党一边的。但随着来自中国大陆的新移民增加，上述传统生态开始有了变化。

基本上来说，美国共和党主张小政府、减税、自由贸易、限制非法移民、反对限制持枪权、反同性恋婚姻、反堕胎等，因此共和党更接近保守主义；而民主党则主张施行积极的政策财政，强调二次分配，主张限制枪支、提高最低工资，关注环境、劳工、移民和少数族裔的利益，所以民主党更提倡平等，接近社会主义。

许多华裔希望能够通过自己的双手勤劳致富，对于近年来民主党的政策路线向极左靠拢，部分华人大失所望，这使得他们不再选择支持民主党的希拉里和拜登。事实上，民主党主政的各州偏好加税、劫富济贫，中产阶级税收负担过重，而且感觉自己养的全是懒人。我的几个在美国生活的好朋友，提起拜登和“白左”，常常非常激动，认为民主党从他们身上收税，搞福利政策，鼓励浪费和懒惰，好人反而没好报。此外，2020 年 5 月以来的“Black Lives Matters”运动，各地发生打砸抢烧事件，却找不到政府身影的景象，都发生在民主党执政的各州市，这使得保守派华人对自由派的拒斥加剧。

而对于美国华人来说，民主党最让人不能容忍的，还是他们所谓的教育平权运动，这触碰到了大部分美国华人的底线。

在 2014 年之前，华人参与政治的声音是很少被听到的。但是，就在 2014 年初，加利福尼亚州拉美裔参议员爱德华·赫尔南德兹（Edward Hernandez）提出了宪法第五修正案，目的是要废除 1996 年通过的加利福尼亚州 209 号法案。根据这个 209 号法案，加利福尼亚州宪法禁止该州基于种族、性别、肤色、民族等因素，而在公共就业、公共教育或公共承包方面，歧视或给予任何个人或团体以优待。

这个法案使加州成为全美第一个禁止公立大学在录取时参考种族因素的州。而参议员赫尔南德兹的目的，就是要让公立大学在招生以及公司在招聘时，考虑种族、性别、肤色、民族等因素。

这个法案一下子引起了华人群体的恐慌。华人和犹太人一样，都是对子女教育非常重视的族群，赫尔南德兹参议员的提案波及了整个加州的华人。于是，加州各个社区的华人纷纷行动起来，利用各种渠道举行抗议活动。由于遭到亚裔社区的强烈反对，加州参议院最终撤回了该项提案。而在这个过程中，华裔民主党议员全部投了赞成票，这就引发了加州乃至全美华人的愤怒。这部分华人认为，长期以来支持民主党是不对的，出身亚裔的议员考虑的只是党派利益，不一定会为自己族裔发声。于是，他们喊出了“选党不选人”的口号，加州很多传统上支持民主党的华裔，都转而去支持那些不主张平权的共和党议员。

2018 年 7 月初，纽约市市长比尔 · 白思豪（Bill Blasio）提出，要改变纽约市一些顶尖高中的录取方式，让所有孩子有均等的入学机会。这些顶尖高中与我国各个地方的重点高中非常类似，通过选拔考试，汇聚了大批优秀的学生。纽约的布朗克斯高中和史岱文森高中是闻名遐迩的中学。为进入这些中学就读，美国的孩子一样也要参加激烈的选拔考试，才能有机会获得有限的入学名额，其中亚裔尤其是华裔学生的表现十分优异。根据 2020 年纽约市教育局发布的信息，亚裔学生被这些顶尖私立高中录取的比例为 54%，白人学生录取率排第二，为 25.1%，拉美裔学生的入学率为 6.6%，非裔学生的入学率为

4.5%。而白思豪市长建议取消考试，根据他们的班级和州考试成绩录取学生，这样一来，非裔学生和拉美裔学生的数量就会显著增加，由于学校招生名额有限，这意味着亚裔学生入学人数必然会减少。

白思豪市长的这个提议遭到了亚裔社区领导人的强烈反对，而就在白思豪提出这个提议的同时，哈佛大学的招生录取工作也受到了批评。

美国有一家名叫“学生公平入学”的民间组织，致力于在各个高等院校招生过程中消除种族因素的影响。这家组织指控哈佛大学在录取时歧视亚裔学生，认为亚裔在“个人品质”项的评分偏低，导致最后的录取比例偏低。

这场聚讼持续了许多年。最后，哈佛大学请来了加州大学伯克利分校经济系著名的劳动经济学家戴维·卡德（David Card），由他牵头对哈佛大学历年的录取数据进行分析，以判断哈佛大学在录取时是否存在系统性的种族偏向。2020 年上半年，我在哈佛大学经济系旁听计量经济学的课程，其中有一节课，教授布置的任务就是让我们阅读卡德的最终评定报告，厚达近千页。这份报告的结论说，由于存在遗漏变量，统计模型没有可靠的方法来评估种族因素对录取平等的影响。这份报告的结论模棱两可。一方面，卡德教授承认，基于现有的数据和计量知识，我们无法断定哈佛大学在录取时出现了系统性的种族偏向；另一方面，他也不否认，如果那些遗漏的变量数据充分，或许就可以作出这种判断。卡德教授的这个结论，几乎在一开始就已经被我们猜到了。

如今距离 11 月 3 日总统大选已经不足一个月。美国华人对于总统候选人的态度，也折射了社会利益阶层的复杂性，即便同为华人、同为少数族裔，人们在利益诉求上也可能大相径庭。总统选举就是这样一种利益诉求的较量。

2020 年 10 月 7 日星期三

于查尔斯河畔

在美国，为什么堕胎议题会撕裂社会

美国东部时间 2020 年 10 月 22 日上午，美国参议院司法委员会通过了特朗普总统对联邦最高法院大法官艾米·科尼·巴雷特（Amy Coney Barrett）的提名。巴雷特在司法委员会通过提名之前的听证会历时三天，除了她在回答提问时一时记不起宪法第一修正案的“五个自由”之外，整个听证会毫无亮点可言。这次提名投票中，有 12 名共和党参议员投票批准了这一提名，这就为 10 月 26 日参议院通过对巴雷特的提名铺平了道路。民主党人则选择了抵制听证会。现在看来，不管民主党人多么不情愿，自由派怒火有多高，恐怕他们都没有什么拖延的好办法，来阻止共和党接下来完成提名，使巴雷特在 11

月 3 日的选举日到来之前成为第九位大法官。

特朗普提名巴雷特出任联邦最高法院大法官，并不是没有争议的。巴雷特是在联邦最高法院九名大法官之一的鲁斯·金斯伯格（Ruth Ginsburg）去世之后被提名为大法官人选的，而金斯伯格是出了名的自由派，一生为追求妇女平权进行着不懈的斗争。巴雷特这位几乎肯定能够获得提名的继任大法官却是一位典型的保守派，她是强烈的反堕胎主义者，虔诚的天主教徒，倡议保守的家庭观念。巴雷特鲜明的反堕胎主张，使她备受争议。而她自己的生活，某种程度上也体现了她的信念。她出生于路易斯安那州中西部的一座城市，共养育了 7 个孩子，其中有两个是从海地收养的孤儿。她最小的儿子患有唐氏综合征，据说每天都需要由人背着上下楼梯。唐氏综合征筛查是产前筛查必须做的检查，但巴雷特女士仍然坚持生下这个孩子，由此可见她对堕胎这一问题的态度。

所谓反堕胎运动，是有人倡导通过法律禁令和其他手段来禁止任何形式的堕胎行为。在美国，人们在对待堕胎的态度上分为两派。一派支持堕胎，主张妇女有权决定是否终止妊娠，合法堕胎可以减少非法堕胎行为及降低孕妇死亡率；一派则反对堕胎，强调人类胚胎在某种程度上是一个“人”，因此不能随意被他人剥夺生命权，并有必要确保母亲和胎儿的生命权。在 20 世纪 60 年代和 70 年代，性解放运动和女权主义兴起，大部分西方国家陆续将堕胎合法化。在美国，1973 年发生的著名的罗伊诉韦德案，确立了堕胎合法的先例。

1969 年，美国得克萨斯州一名女服务员珍妮·罗伊（化名）因意外怀孕，想要寻求堕胎。在得克萨斯州，只有因强奸导致怀孕才能合法堕胎，于是罗伊在朋友的建议下谎称自己遭到强奸。然而，因为没有警方出具的报告证明其遭到性侵，所以这个办法没有取得成功。于是，罗伊去了一家地下堕胎诊所，但她发现那家诊所也已经被警察查封。万般无奈之下，1970 年，罗伊起诉代表得克萨斯州的达拉斯县司法长官亨利·韦德（Henry Wade），指控得克萨斯州禁止堕胎的法律，认为该法律侵犯了她的“隐私权”。经过将近 3 年的上诉，1973 年 1 月 22 日，联邦最高法院以 7∶2 的结果，最终认定得克萨斯州刑法限制妇女堕胎权的规定，违反美国宪法第十四修正案的“正当法律程序”条款。

联邦最高法院在罗伊诉韦德案中的判决，确认妇女决定是否继续怀孕的权利受到宪法中关于个人自主权和隐私权规定的保护，这等于承认了堕胎的合法化。堕胎合法化一度导致美国妇女堕胎人数激增。根据相关统计，自 1973 年以来，美国每年大约有 150 万人堕胎，占每年怀孕妇女总数的 1/5。在每年的怀孕妇女中，大约有 100 万人年龄在 15 ～ 19 岁，有 3 万人不满 15 岁，其中半数以上的怀孕少女以堕胎方式终止怀孕。

罗伊诉韦德案之后，美国的堕胎争议并未止息。反堕胎人士开始组织起来，表达对堕胎法令的不满，这些反对人士大部分都是保守派或天主教徒，而巴雷特法官既是保守派又是天主教徒。甚至有一些反堕胎激进分子表现得像恐怖分子一样，曾有一位名为保罗·希尔（Paul Hill）的极端分子，就因杀害堕胎医生而被处以极刑。据说他在死前仍毫无悔意，还认为自己会在天堂获得丰厚的奖赏。

罗伊诉韦德案的背景本身非常复杂，正好处在美国女权运动如火如荼的时代。堕胎争议的焦点在于，到底是妇女的选择自由权优先，还是婴儿的生命权优先。支持堕胎的大多是自由派人士，他们都像已故的金斯伯格大法官一样，深受20世纪60年代女权运动思潮的影响，认为妇女有生殖自由的权利和选择的权利。而反对堕胎的人士则认为，婴儿也有生存的权利，尤其是在妇女受孕的晚期，胎儿已经成型，此时堕胎无异于杀人。

因为堕胎问题长期以来引发的争议，罗伊诉韦德案的影响相当于在美国引发了第二次内战。这次巴雷特在提名大法官中遭到主张堕胎的自由派人士的反对和抗议，正是这种影响的体现。

自特朗普总统上台之后，反堕胎主义开始占据上风。这几年，美国有多个州的议会相继推出了限制女性堕胎的法案，其中亚拉巴马州议会于2019年通过的法案，禁止了绝大部分堕胎行为，除非怀孕会对妇女造成生命威胁，因强奸或乱伦造成的怀孕也不例外。几乎与亚拉巴马州同时，密苏里州议会也出台了反堕胎法案，称只要有胎心跳动就不能堕胎。

胎儿的生命权与女性对自己身体的自主决定权，这两者的冲突，构成了注重权利的美国社会的根本分歧。但也有人认为，这两者之间根本就没有冲突。美国哲学家朱迪斯·汤姆森（Judith Thomson）的名篇“为堕胎辩护”（A Defense of Abortion），提出了著名的“捆绑的小提琴家”的例子，说明这两者之间并无冲突。

汤姆森让我们设想这样一个例子：你一觉醒来，发现自己跟一位著名的小提琴家绑在一起，你们两人身上都插着管子。医生告诉你，只有你的血型与小提琴家一样，如果不把你们通过管子连接在一起，小提琴家就会死。但不用担心，9 个月后，小提琴家就会痊愈，到时候你就可以离开。而如果你现在拔掉管子，小提琴家就会死去。这个时候，应不应该允许你拔掉自己身上的管子呢？

汤姆森举的例子是对妇女怀孕的比喻。在这个例子里，小提琴家有生命权，我们并不否认，但不能因为他有生命权，就得出他有你为他提供身体供他使用的权利。你选择继续提供身体来帮助小提琴家痊愈，并不是因为小提琴家的生命权，而是出于你的慷慨，最重要的是你同意这样做。女性怀孕，是慷慨地选择了以自己的身体满足胎儿的需要，而不能说明为了保障胎儿的生命权可以要求她这样做。而选择结束妊娠的女性，就像拔掉管子的你，并没有违背道德上的要求，女性没有这样的义务。

如果说胎儿的生命权与女性自主权没有冲突，那么，我们是不是应该更多地聆听一下女性自己的声音，毕竟，是她们在更多地承受怀孕的负担以及之后的养育责任，而不是许多州议会中认定女性不能选择堕胎的白人男性。

关于 1973 年罗伊诉韦德案所带来的影响之探究，最有趣的当数芝加哥大学经济系教授史蒂文·莱维特（Steven Levitt）关于堕胎合法化对犯罪率的研究了。

1989 年，美国的犯罪率达到了历史最高峰，在此之前的 15 年中，暴力犯罪率蹿升了八成。而到了 20 世纪 90 年代初，犯罪率却突然开始持续下降，下降到了 40 年前的水平，足足下跌了 40%，完全出乎所有犯罪学家的预料。

那么，到底是什么原因造成了犯罪率的显著下降呢？犯罪学界给出了各种解释，比如治安办法的改进，政府在制止暴力犯罪方面投入了更多的警力，监狱关押了更多的罪犯，等等。但是，很遗憾，这些解释在数据上都得不到有效的支持。

正当学术界对此重要现象大惑不解之际，莱维特教授提出了一种新的解释，他认为 20 世纪 90 年代美国犯罪率大幅下降的原因，在于 1973 年的堕胎合法化。这两件事看起来风马牛不相及，其实有着内在的关联。一般来说，选择堕胎的大多是单亲妈妈，生活和经济条件相对较差，如果不允许堕胎，这些孩子生下来，势必得不到良好的抚养和教育，就会成为日后犯罪的潜在人群。莱维特教授使用了严谨的计量经济学分析方法，得出了 1973 年罗伊诉韦德案在抑制犯罪方面的影响。

作为一名中国人，我一开始看到反堕胎成为美国政治生活的一个重大议题时，是十分困惑的。美国社会对权利看得很重，政治生活中充满着各种冲突和分歧。堕胎议题就是美国政治生活的多棱镜，它折射出的是美国社会各个阶层对权利的不同意见。但究其根本，无论是赞成者，还是反对者，他们对于权利本身并没有异议，他们所争论的只是何者为先、何者为后的问题。

2020 年 10 月 24 日星期六

于哈佛园

美国社会拉美裔化，正在毁掉美国的国民特性？

前几日出门，我遇到了一位华人朋友。他是北京人，20 多年前来的美国。凭借在国内学习的汽修技术，他在美国慢慢立住了脚，还加入了美国籍。如今，他的父母也从北京来到美国，一大家人生活在一起。他现在开了四个汽修店，子女上学都是父母去接送，日子过得很不错。

我曾在北京读大学，我毕业的时间，正是他到美国的那一年。我和他聊起那个时候北京的许多事物，彼此都感到很亲切。他请我到一家中餐馆吃晚饭，席间我问起他对于美国大选的看法。

他定了定，又看了看我，这才说道："我把票投给了特朗普。"

他赶紧解释道："我知道，特朗普对我们华人不好，尤其是张口闭口 Chinese virus（中国病毒），让许多华人心中很是不满。但有一条，他反移民。"

我很不解，笑着问他："是不是你们这些在美国稳定下来的移民已经上了船，所以不想让其他移民再上来跟你们抢工作？"

他看着我，眼睛里有些激愤："还真不是这样，如果大家都是按照国别配额，从合法途径移民过来的，我并不反对。但你看看现在，满城都是墨西哥人，都是拉美裔的非法移民。这样下去，美国还是美国吗？"

他的这番话让我想起来，在波士顿，我几次出门经过一些工地，看到那些干重活累活的大都是拉美裔人，偶尔也有白人，但很少看到非裔美国人。

我的室友在坎布里奇的一家跨国医药公司做研发工作。来东部之前，他一直待在美国西南部加州的旧金山。他也不反对合法移民，但对于加州那边大量来自墨西哥的非法移民印象极深。这些人来到美国的首件事就是生孩子，因为生孩子可以获得更多的福利。这些非法移民来到美国会尽可能待下来，然后大量生孩子，直到未来某一天获得合法身份。

我所在的美国马萨诸塞州首府波士顿，是新英格兰地区人口最多的城市之一。包括波士顿在内的整个大波士顿地区拥有 480 万人口，是全美排名第十的大都会区。地处美国东北部的马萨诸塞州，是美国白人相对较多的地区。即便如此，波士顿的种族构成中白人也只有 53.9%，非裔占 24.4%，亚裔占 8.9%。而拉美裔这些年后来居上，蹿升得非常之快，现在占到波士顿城市总人口的 17.5%。走在波士顿街头，如果我们随机采访询问人们的国籍，你可能会真心感慨，美国真是一个人类族裔的大熔炉，这些人都是美国人。传统上我们所认为的美国人很可能是白人的形象，但在这几十年中，这个形象开始出现非常大的变化。变化的原因正是拉美裔人口的蹿升。

拉美裔美国人，或称西班牙裔美国人，是指从拉丁美洲移居到美国的移民及其族群，不少人的母语是西班牙语，第二语言是英语。实际上，他们中有不少是欧洲人，或者祖先是与美洲原住民通婚而生的混血族群，并非真正意义上的西班牙人。

受益于《北美自由贸易协定》，墨西哥移民，尤其是非法移民，在 20 世纪 80 年代到 90 年代这段时间内大批进入美国，成为这里超过非裔美国人的第一大少数族群。拉美裔美国人一般定居在美国的南部和西南部。在美国的中学外语教学中，传统上原来是学习法文的，但不少州现在都已改学西班牙文。大部分拉美裔美国人信奉天主教，与美国过去传统上信奉新教有所不同，其政治取向受移民地位的影响，大多支持民主党。

美国的这种人口构成上的变化，势必会在政治上有所体现。事实上，早在 20 年前，美国知名的政治学家、哈佛大学政府系教授塞缪尔·亨廷顿（Samuel Huntington）就已经注意到了人口构成的变化给美国国民特性带来的危机。

亨廷顿是当代颇富争议的美国保守派政治学家，他以一部《文明的冲突与世界秩序的重建》蜚声国际。[①] 在这部经典政治学著作中，他认为 21 世纪国际政治的核心角力将发生在不同的文明之间，而非具体的国家之间。亨廷顿教授生前的最后一本书出版于 2004 年，名字叫《谁是美国人？美国国民特性面临的挑战》。[②] 在这本书中，亨廷顿教授主要探讨了美国的国家认同问题。对大规模拉美裔移民给美国带来的可能的文化威胁，亨廷顿教授充满忧虑。他担心，拉美裔移民将会把美国分裂成两种人、两种文化、两种语言。

促使亨廷顿教授写作此书的一个原因，是发生在 1998 年的一场足球比赛。

1998 年 2 月，墨西哥足球队和美国足球队在洛杉矶市举办了一场金杯足球赛。这场足球赛规模盛大，现场有 9 万多名球迷。这是美国队的主场，但令人意想不到的是，现场几乎是墨西哥国旗的海洋，谁要是打出星条旗，就会引来嘘声一片。现场球迷向美国球员扔出了石头、水杯、啤酒杯等，还用水果和啤酒杯袭击了几个想举起美国国旗的球迷。

这哪里像是美国队的主场！这一现象让亨廷顿陷入了深思。数百年来，历经千辛万苦到达美国的移民，一看到自由女神像就热泪盈眶，他们满怀激情，认同这个新的国家，因为它给他们提供了自由、

---

① ［美］塞缪尔·亨廷顿．文明的冲突与世界秩序的重建 [M]. 周琪，刘绯，张立平，王圆，译．北京：新华出版社，2002.

② ［美］塞缪尔·亨廷顿．谁是美国人？美国国民特性面临的挑战 [M]. 程克雄，译．北京：新华出版社，2010.

希望和工作。但今天，洛杉矶足球场上的球迷却不允许现场有美国国旗飘扬。

一切还不止于此。

迈阿密是美国一座比邻古巴的大城市。从 20 世纪 60 年代开始，一些古巴人陆续来到迈阿密。在古巴移民的带动下，迈阿密经济发展迅猛，吸引了大批拉美国家和加勒比海沿岸国家的移民。如今，迈阿密是美国 50 个州中拉美裔色彩最浓的大城市，迈阿密居民中有 3/4 的人在家不说英语，而这些人中大部分讲的是西班牙语。《迈阿密先驱报》曾是美国最受尊重的报纸之一，如今，由于迈阿密人口和语言上的变化，该报试图延续以英文为主的策略已经宣告失败。迈阿密的拉美裔人并没有融入美国主流文化的打算。

面对拉美裔美国人越来越多的现实，美国的政界也纷纷表态拉拢拉美裔选民。美国民主党前总统比尔·克林顿甚至说："我非常希望我是美国历史上最后一个不会说西班牙语的总统。"2001 年，美国共和党前总统小布什在发表总统每周对美国人民的广播讲话时，使用了英语和西班牙语两种语言。而 2002 年，在得克萨斯州州长候选人提名竞选中，两名竞争者用西班牙语进行了公开辩论。亨廷顿认为，如果这一趋势继续下去，拉美裔人和非拉美裔白人之间的文化分歧将会取代非裔美国人和白人之间的种族分歧，成为美国社会最严重的分歧。美国将分裂成两部分，两种语言和两种文化，这将使得三个世纪以来只有一种语言和一种核心文化——盎格鲁-新教文化——的美国变得面目全非。

亨廷顿教授坚持认为，几个世纪以来，美国人对自己的国民特性非常重视，正是这些国民特性使美国人区别于别国人民。200 多年来，美国人在界定自己的国民身份时，人种和民族属性的因素大体已经消失。美国人认为自己的国家是一个多民族、多人种的社会。最初由托马斯·杰斐逊提出，后来经过多人阐释的“美国信念”（American Creed）被广泛认为是美国特性的核心。18 世纪，杰斐逊在《独立宣言》中写进了天赋人权、人人平等、人人均有追求自由和幸福的权利等内容。19 世纪，政治家布莱斯（Bryce）总结了美国人的政治信念，包括个人拥有各种神圣权利、公民是政治权力的源泉、政府受法律和公民的制约、地方政府优先于联邦政府、少数服从多数、政府越小越好等。20 世纪，著名的社会学家丹尼尔·贝尔指出，美国信念的主要价值观是个人主义、成就和机会平等，并特别强调，自由与平等两者之间的紧张关系在欧洲是哲学大辩论的话题，在美国却由个人主义予以解决，个人主义兼有自由和平等。而这一美国信念的背后，是三个世纪以来一直居于中心地位的盎格鲁－新教文化。但在亨廷顿教授看来，当下的美国信念以及支撑这一信念的盎格鲁－新教文化，再次受到了各种威胁，其中一个主要的威胁就是美国社会拉美裔化的倾向。

亨廷顿教授的这些担忧，并未随着他 2008 年去世而消散。事实上，特朗普总统的许多做法，无不体现着亨廷顿教授的这些洞察。

这让我想起 20 世纪最伟大的经济学家和思想家之一约翰·梅纳

德·凯恩斯，他在传世名著《就业、利息和货币通论》的最后写了一段话：

> 经济学家和政治哲学家的思想，无论是对是错，都比一般人所认为的影响要大得多。实际上统治这个世界的是他们，而不是其他什么人。讲求实干的人自以为可以完全不受智识上的影响，而实际却往往是某位已故的经济学家的奴隶。当权的狂人，听信的是无稽之谈，他们的那种狂暴行为，其根源往往出自几年以前某一个不入流的作家的蹩脚之作。可以肯定，与思想之润物无声这一事实相比，既得利益集团的权力是被大大夸张了的。诚然，这种影响不是即刻发生的，而是要经过一段时间。这是因为，在经济学和政治哲学这方面，一个人到了25岁或30岁以后，很少再能接受新的理论，所以，公职人员、政客，甚至鼓动家所运用的思想不可能是最新的。但是，无论早晚，不管好坏，危险的不是既得利益，而是思想。

用这段话来描述特朗普总统与亨廷顿教授的这种隐秘的历史联系，真是再合适不过了。

2020年11月15日星期日

于马萨诸塞州坎布里奇寓所

美国的丁真

最近，四川甘孜藏族自治州理塘县的牧民小伙丁真，凭借一张充满野性而又温柔的脸，一下子火遍了祖国的大江南北，甚至还火到了国外。

理塘县还发布了一部名为《丁真的世界》的文旅宣传片，在这部片子里，丁真每天推开门，迎面看到的是格聂雪山，他骑着心爱的小马“珍珠”驰骋在雪域高原之上。这样一幅美丽且充满诗意的图景，让无数生活在城市里的人心生向往。

人们对丁真及其视频的热捧，体现了工业化时代的人们对自己曾经拥有过的那种生活的诗意向往。在这部宣传片中，丁真这位康巴少年的质朴、阳光、帅气，让人看到了高原的纯净之美。

丁真的走红，让我想起了另外一位在去年突然爆红的上海流浪汉——沈巍。这位流浪汉因为热爱读书，出口成章，一时间被人奉为“流浪大师”，人们举着手机蜂拥而至，沈巍先生迅速成了抖音和快手上的“顶级流量”。

其实，无论是丁真还是沈巍，人们都是在借他们来浇自己胸中的块垒。

改革开放 40 多年，中国人民在市场经济的大潮中陆续摆脱贫困，走向富裕，但同时内心也充满纠结，传统与现代不断撕扯着国人的心灵。

中国在 40 多年的时间里走过了西方两三百年才走完的路程。在空间上，上海和理塘就像中国历史上的两个时代的缩影。今天的上海高楼林立，人们生活节奏极快，这些已经使这座城市跻身于 21 世纪最具标志性的现代都市之列。而理塘县的草原上，丁真的生活方式与 200 多年前乾隆时期的人们并没有太大的分别。

人类历史上，每一个从传统社会转型到现代商业社会的国家的人们，都曾发出过今天我们面对丁真时发出的类似的喟叹和怀想。

6 月，我和几个朋友一起开车来到马萨诸塞州的瓦尔登湖。波光粼粼的湖面一碧如洗，明媚的阳光和着周围鸟儿的轻歌在湖面上跳跃。四周赤杨和松柏摇曳，花栗鼠穿行其间，俨然一片世外桃源。我和我的朋友都陶醉其间，不能自已。

从 1845 年 7 月到 1847 年 9 月，美国诗人梭罗独自生活在瓦尔登湖边，差不多刚好两年零两个月。梭罗其实就是那个时代美国的丁真。不同的是，之后梭罗写出了流传至今的名作《瓦尔登湖》。[①]

梭罗生活在19世纪上半叶的美国，当时的美国正处在从农业时代向工业时代过渡的转型阶段。伴随着资本主义社会工业化的脚步，美国经济飞速前进。蓬勃发展的工业和商业不仅使拜金主义和享乐主义思潮甚嚣尘上，而且还不断地霸占自然资源，开垦荒地，使得森林大面积消失，水土流失严重，生物多样性持续减少，整个自然环境受到了前所未有的破坏和污染。

《瓦尔登湖》里有一个贯穿始终的主题，那就是回归自然，与自然和谐共存。《瓦尔登湖》就像是梭罗对远去的农业时代所唱的一首挽歌。

但是，传统的农业社会并不是人类生活的天堂，相反，在那样的时代，物质的匮乏使得绝大多数人根本无暇欣赏雪山上的美景以及辽阔的草原。为了生存而努力打拼，其实非常残酷。

当亚当·斯密在《国民财富的性质和原因的研究》中帮我们找到增进国民财富的原因时，他这样写道："由于实行劳动分工的所有不同行业的产量成倍增长，在一个治理得很好的社会出现普遍的富裕，推广到了最底层的人民。每一个工人通过自己的劳动生产的产品，除了供应自己的需要外，还可大量出售；其他的工人也完全一样，能用自己的大量产物去交换他人的大量产物或其等价品。他对他

---

① ［美］梭罗．瓦尔登湖［M］．徐迟，译．上海：上海译文出版社，2006.

们的需要作出丰富的供应，他们也对他的需要作出同样丰富的供应，于是社会的所有不同阶级都变得普遍富裕起来。”①

当迈入市场经济时代之后，我们每一个人都要为满足其他人的需要而努力工作，供应他们之所需，同时使自己得到所需要的各种生活用品。一个最普通的工人，他们所穿、所用，也都是大量其他工人联合劳动的产品。“没有成千上万人的帮助和合作，一个文明社会中的工人，就不可能得到他日常所得到的那种简单的生活用品（按照我们的非常错误的设想是这样的）。”一个普通的欧洲农民的生活用品，“却总是超过许多非洲君主的生活用品，这些君主正是数以万计的赤裸野蛮人的生命和自由的绝对主宰啊。”

亚当·斯密在 18 世纪就这样告诉我们，市场，以及与市场紧密相连的劳动分工经济体系，使得我们每一个人，都能活得与那些野蛮时代的君主一样富庶，甚至比他们还要富庶。②

然而，在亚当·斯密所描述的这个伟大的商业社会到来之后，它也同时摧毁了曾经统治这个世界的“一切封建的、宗法的和田园诗般的关系”。马克思和恩格斯这样写道：“市场总是在扩大，需求总是在增加。甚至工场手工业也不再能满足需要了。于是，蒸汽和机器引起了工业生产的革命。”“它无情地斩断了把人们束缚于天然尊长的形形色色的封建羁绊，它使人和人之间除了赤裸裸的利害关系，除了冷

---

① ［英］亚当·斯密. 国民财富的性质和原因的研究（上下卷）[M]，郭大力，王亚南，译. 北京：商务印书馆，1972.

② 同上。

酷无情的现金交易，就再也没有任何别的联系了。它把宗教虔诚、骑士热忱、小市民伤感这些情感的神圣发作，淹没在利己主义打算的冰水之中。它把人的尊严变成了交换价值，用一种没有良心的贸易自由代替了无数特许的和自力挣得的自由。”

最终，一切坚固的东西都烟消云散了。“生产的不断变革，一切社会状况不停地动荡，永远的不安定和变动，这就是资产阶级时代不同于过去一切时代的地方。一切固定的、僵化的关系以及与之相适应的素被尊崇的观念和见解都被消除了，一切新形成的关系等不到固定下来就陈旧了。一切等级的和坚固的东西都烟消云散了，一切神圣的东西都被亵渎了。人们终于不得不用冷静的眼光来看他们的生活地位、他们的相互关系。”[①]

当我们中的大多数人从40多年前的贫穷农村走出，经过奋力的拼搏，如今终于在城市里有了立足之地后，我们又开始对昔日的生活充满浪漫的怀想，把“诗和远方”寄托在曾经的生活里。这种心态所反映出来的，正是我们的一种内在的迷茫和矛盾。今天，我们开始有了闲暇，开始有了可以追求“诗和远方”的资本，但是，除了刷抖音和快手上的丁真，我们不知道该去追求什么样的“诗和远方”。

1930年10月，席卷全世界的经济大萧条正笼罩着英国，英国著名的经济学家约翰·梅纳德·凯恩斯在剑桥大学政治经济学俱乐部做了一次演讲，题目叫作“我们孙辈的经济可能性”。

---

① 马克思，恩格斯.共产党宣言[M].中共中央马克思恩格斯列宁斯大林著作编译局，译.北京：人民出版社，1997.

在这篇演讲里，他首先表明，这场史无前例的大萧条，“只是经济失调的一时之现象。所有这一切都说明，长期来看，人类终将会解决他们的经济问题。我敢断言，100 年以后，进步国家的生活水平，比之于现在，要高出 4 ～ 8 倍。即便按照我们现有的知识来观之，这一点亦属意料之内，无足为奇”。正如他所言，虽然还没有到凯恩斯先生所说的100 年后的2030 年，仅以 2020 年的国民生产总值来计算，也早已经超过 20 世纪 30 年代何止 8 倍之多！

凯恩斯非常乐观，在他看来，经济问题在 100 年之内完全可以得到解决，而经济问题、生存竞争，一直是人类面临的首要的、最迫切的问题。甚至不仅是人类，整个生物界，从最原始的生命开始，都是这样。“如果经济问题得到解决，那么，人类就会失去他们传统上的那种生存目的。”①

那么，这对于人类来说，到底有什么好处呢？凯恩斯继续写道：“如果你完全相信人生的真正价值，那么，这一远景至少为我们展示了可以从中获得利益的可能性。但是，那些经过世代的培养和积累，对于一个普通人来说，已经是根深蒂固的习惯和本能，要他在几十年之内悉数抛弃，从而由内而外脱胎换骨、焕然一新，在习惯上、本能上来一次改头换面，真的能够毫无滞碍吗？一念及此，我还是隐然有畏惧之感。”②

---

① ［英］约翰·梅纳德·凯恩斯．劝说集［M］. 李井奎，译．北京：中国人民大学出版社，2016.

② 同上。

在凯恩斯看来，人类真正的问题，恰恰是丰裕时代到来之后如何对待闲暇的问题："用我们今天的话来说，这会不会引起普遍的'精神崩溃'现象呢？"在这些方面，西方这 200 多年走过的道路，可以说已经为我们积累了一些经验。我们要感谢西方那些提前富裕起来的人们，他们已经遭遇了人类自从来到世间，第一次遇到的真正永恒的问题，这个问题就是："人类从迫切的经济顾虑中解脱出来之后，将怎样来利用他的自由？科学和复利的力量帮他获取了闲暇之后，他该怎样来遣此有涯之身，让他能够明智而惬意地生活下去呢？"[①]

接下来这几段话，我觉得凯恩斯写得极为精彩，这里把它们全部翻译如下。

> 那些全心全意、孜孜不倦地扑在求财牟利上的人，也许可以把我们大家带到那种经济上的富裕之境。但是，当这种丰裕社会实现之后，就只有那些能够懂得生活的艺术，能够保持这种艺术精神，并把它发扬光大，臻于更为完美之境界，而非为了生活把自己给出卖了的人，才可以从这种丰裕之中获得享受。
>
> 然而，我认为，没有任何一个国家，或者任何一个民族，在期待这种有闲和丰裕的时代到来的同时，不在内心当中怀有畏惧之情。因为长期以来，我们都是被训练着如

① [英]约翰·梅纳德·凯恩斯.劝说集[M].李井奎，译.北京：中国人民大学出版社，2016.

何去奋斗，而不是怎样去享受。对于一个没有特殊的才能可以寄寓身心的普通人来说，处在这样丰裕、有闲的环境，是一件甚为可怕的事情。尤其是当他再也无法从他土生土长的环境或者他所珍爱的传统社会的风俗习惯中找到自己的根脉时，这个问题就更严重了。从今日世界上任何一个地方的富裕阶层的行为和成就来看，要想指望这些人来使这个问题得到完满的解决，其希望是非常渺茫的！照理说，这些人可谓人类当中的先锋，他们要为我们探求尘世间的乐土，并且在那里安顿下来。然而，他们中绝大多数的结局都是以完败告终；因此，以我观之，似乎只有那些有着独立的收入，而又没有社团关系或职责或束缚的人，才有可能解决这些困扰他们的问题。

丰裕而有闲的社会，是我们新近才发现的自然的惠赐。我确信，等到我们再多些经验之后，对于这一自然的惠赐，我们就会懂得如何加以利用，而利用的方式，也会与今天的那些富人们截然不同。到了那个时候，我们就可以为自己来制订一个全然不同于他们那种方式的生活计划。[①]

从丁真到现在的我们，一共经历了三步：从18世纪亚当·斯密对富裕前景的乐观预期，到19世纪卡尔·马克思为旧社会的逝去

① ［英］约翰·梅纳德·凯恩斯．劝说集［M］．李井奎，译．北京：中国人民大学出版社，2016.

以及新世界的未来所进行的人类远景规划，再到 20 世纪约翰·梅纳德·凯恩斯所指出的人类第一次面临的真正永恒的问题。

生活在今天的我们既幸运，又不幸。幸运的是，我们这个民族再也不会像以往那样，备受温饱问题的困扰。不幸的是，我们面对丰裕之后的闲暇，不知道该如何打发自己的人生。而这个问题，显然不是丁真能告诉我们的，也许西方人先富起来的这几个世纪的历史，可以为我们提供某些启示。

也许吧。

2020 年 12 月 1 日星期二

于查尔斯河畔

美国的反智传统与美国的知识分子

2020 年美国总统大选，有一个非常有意思的现象，那就是全球几大顶尖学术期刊《自然》、《科学》和《细胞》，都纷纷出来表态，旗帜鲜明地反对特朗普。甚至《新英格兰医学杂志》的编辑部还罕见地发表社论，批评特朗普政府将“危机变成了悲剧”，谴责美国领导人在疫情面前表现出来的“危险的无能”，号召大家不要把票投给特朗普。

我们经常认为，科学是无关于政治的，科学讲求客观中立，不需要有政治的加持，就可以取得自己独立的权威地位。但 2020 年的疫情，美国政界、学界以及民众之间的矛盾与冲突，对我造成了巨大的冲击。这个过程告诉我，科学作为社会组织文化的一部分，与政治有着密不可分的关系，而且，美国政界和普通民众的反智（anti-intellectualism）表现也让我大吃一惊。

当《新英格兰医学杂志》的社论发表之后，我把它拿给在制药公司工作的室友看，他大笑着说道："特朗普总统把工作签证卡得那么死，多少医药企业、各大医学院实验室的海外员工被挡在门外，特朗普动了人家的奶酪，人家当然会反击。"虽然室友的评论或有偏颇，但这也足以说明，知识界或科学界本身也常常有自己的利益诉求，科学的信仰以及全球化才是符合他们的信念的，这些信念首先是有利于相关的利益集团，然后再由这些利益集团予以传播的。从这个意义上说，科学只是诸多意识形态的一部分，所以，特朗普反科学，其实也是反对拥有某种意识形态的人们背后的利益团体。

"反智"这个词转变为论战语汇，是在 20 世纪 50 年代的麦卡锡主义盛行时期。"麦卡锡主义"一词，最早见于 1950 年 3 月美国《华盛顿邮报》上的一幅漫画，漫画家用它指代毫无根据的诽谤和中伤。

麦卡锡主义诱发了美国民众的恐惧，他们认为知识界一贯的放言高论的作风，是有害于这个国家的。虽然知识分子并不是麦卡锡参议员一轮轮攻击的唯一对象，但他们无疑身处火线之上，而每当麦卡锡尖锐攻击知识分子群体时，麦卡锡的追随者就会欢呼雀跃不已，在全美各地群起仿效，攻击散落在各个角落里的知识分子。

麦卡锡主义的出现，反映出的不仅有当时第二次世界大战结束后美国政府的冷战政策，以及两党政治的历史背景，同时也反映了美国社会固有的反智传统。哥伦比亚大学已故的著名历史学教授理查德·霍夫施塔特（Richard Hofstadter），以深厚的学养和独特的专业眼光，写出了一本在美国并不受欢迎的历史学名著——《美国生活中的反智主义》。[①] 该书出版于 20 世纪 60 年代，并帮助他再次斩获普利策奖。这本书也揭示了一个矛盾：一般人都认为全世界最好的大学几乎都在美国，而同时美国却有着广为人知的反智传统。在霍夫施塔特看来，美国的成长历史，几乎就是一部培养反智传统的历史，但与此同时，我们又看不出来这种反智传统动摇了美国的国本，毫无疑问，美国仍然是今日世界的第一强权国家。

这一切到底是怎么回事?

霍夫施塔特使用宏富的史料，以及各种各样的对比分析，告诉我们这样一个道理：美国这个国家的成长得益于宗教信仰、民主体制、商业创新以及教育的普及。而有意思的是，这四点既是美国的核心价值所在，也是推动反智传统的力量所在。

首先是宗教信仰。美国立国的主要推动力量之一，就是对宗教自由的追求。在追求过程中，美国先后摆脱了四种牵制其本身追求宗教自由的力量，这四种力量分别是欧洲的旧教会、天主教的旧体制、神学研究的旧思维，以及理解《圣经》的新视角。美国宗教界一直以来到新大陆、摆脱天主教，并且不受原有知识的影响，单纯地以理解《圣经》内容作为信仰的基础。在这一过程中，美国东北部的新英格

① ［美］理查德·霍夫施塔特 . 美国生活中的反智主义 [M]. 何博超，译 . 南京：译林出版社，2021.

兰地区，也就是我所处的这个地区的知识传统，也一并归入了旧社会之中。美国宗教界强调的那种理解《圣经》福音的途径，绝对不是知识分子的分析，而是所有笃信上帝的人的天启。这种天启观念，形成了美国反智传统的第一股力量。也就是说，宗教的传播在美国一开始就树立了感动胜于理解这一超越知识的传统。

其次是民主体制。民主体制会不可避免地引发一系列的政治庸俗化倾向，这几乎是民主体制内在的逻辑必然。像华盛顿、杰斐逊等美国开国元勋身上允文允武的精神，他们为美国塑造的智识传统，也都被民主政治的浪潮淹没了。在美国的民主政治中，总是有人以反对精英的心态为由，不断强调政治领袖需要的是领导能力，而非满腹经纶的智识品质。这也是特朗普总统这样的人能够问鼎最高权力宝座的重要原因。

再次是商业创新。在“美国梦”所强调的白手起家追求商业上的成功中，最关键的是个人的不懈努力、踏实肯干。这里隐含着这样一种观点：待在学校里越久，做生意成功的机会就越小，待在学校学到的不过是空头理论，而美国商业创新靠的是撸起袖子加油干的人。

最后是教育的普及。在美国，教师这个职业不但不受尊重，而且还是明显的低薪。霍夫施塔特说，在雄壮的美国社会，男性甚至不好意思公开自己想当一名教师的意愿。美国社会的教育，主要目标是培养学生拥有健全的人格，而不是掌握任何科目。甚至有些宗教的卫道士，对于学校中教授的科学与数学这些科目极为反感，认为它们所呈现出来的真理，会玷污纯洁的心灵。

不过，我们也要看到，美国的这种反智传统，并不是反智主义，也不是一种愚民政策。这一传统的形成原因是多重的，即便是促成这一传统的人，本身也可能是饱读诗书之辈，甚至口才和文笔都很好。在 20 世纪，当欧洲所有的知识分子都卷入左右两派之争的时候，美国的反智传统居然发挥了关键性的作用，从头到尾抵制了这种无益的意识形态斗争。

但是，在 2020 年，美国的左右之争，以及诸多政治经济议题的泛意识形态化倾向，仍然会让人感受到在这个时代做一个知识分子的艰难。他们一方面面临着选民们的反智传统的抵制，另一方面也面临着来自知识阶层内部的各种利益和认知交互杂糅的各类问题的侵扰，陷入了进退维谷之境。

我刚到哈佛大学的时候，大家都在传阅 2019 年诺贝尔经济学奖得主、麻省理工学院经济系的阿比吉特·班纳吉（Abhijit Banerjee）和埃斯特·迪弗洛（Esther Duflo）的新作《好的经济学》[①]，我在麻省理工学院书店买来了这本书，这也是我来美国后购买的第一本英文书。两位作者 10 多年前曾经写过一本风靡一时的发展经济学名著《贫穷的本质》[②]，之后，他们就重回自己的老本行撰写和发表论文去了。

---

① ［美］阿比吉特·班纳吉，［法］埃斯特·迪弗洛. 好的经济学 [M]. 张缘，蒋宗强，译. 北京：中信出版社，2020.

② ［美］阿比吉特·班纳吉，［法］埃斯特·迪弗洛. 贫穷的本质：我们为什么摆脱不了贫穷 [M]. 景芳，译. 北京：中信出版社，2013.

在短短10多年里，从奥巴马执政初期的晨光乍现，到英国“脱欧”的迷狂，再到特朗普的美墨边境修墙，再到不平等问题急速恶化，环境灾难和全球政策灾难迫在眉睫，整个世界时移世易，情况已经大有不同。这迫使两位作者写作了这本新书。在这个喧嚣的时代，他们以知识分子特有的良知，指出了这些经济政策的失败之处，以及我们被意识形态蒙蔽的地方，还有就是我们的错漏之处，来阐明在这个看起来纷纭难定、困难重重的当代世界，好的经济学如何发挥其重要作用。

2020年岁末，国内一家出版社出版了我最钦佩的经济学家之一保罗·克鲁格曼（Paul Krugman）的新书《克鲁格曼的经济学讲义》[①]，书的英文原名很生动，翻译过来叫作“与僵尸学说争辩”。这本书不仅向我们展示了一个有着深厚的经济学学养，同时又有着独立而深刻的思考的美国经济学家的特有见解，也向我们展示了一个美国知识分子的勇者形象。

克鲁格曼在1977年完成研究生学业时，他的理想是过一种献身于教学和研究的人生，并不曾期待做一个舆论上的权威人士。“假如需要在公共讨论中扮演任何角色，我想会是作为一名技术专家，不带感情地为决策者提供哪些可行、哪些不可行的意见。”[②]

然而，到了21世纪的今天，所有的事情都变成了政治，克鲁格

① ［美］保罗·克鲁格曼.克鲁格曼的经济学讲义[M].余江，译.北京：中信出版社，2020.

② 同上。

曼的这个梦想似乎变得越发难以实现。作为诺贝尔经济学奖得主，一位著名的大学教授，克鲁格曼完全可以忽略政治热度，继续专注于自己的研究，但他说："我们还需要公共知识分子，需要既了解和尊重学术研究，同时又愿意加入政治斗争的人。"①

面对一切都变得政治化的社会，经济乃至任何领域的许多公共讨论不少都是出于蓄意欺骗而为之，克鲁格曼挺身而出，"以诚实来揭露虚伪"。同时，他特别强调，"为了公正起见，还需要向读者解释那些人为什么在欺骗。大体而言，这是指揭露美国的现代保守主义的实质，揭露服务于右翼亿万富翁的利益并有效控制共和党的媒体组织和智库的密切网络。正是这一网络，即保守主义运动，让各种僵尸学说得以苟延残喘"。②

克鲁格曼说，他理想中的世界本来不是这样的，他有时候甚至很怀念职业生涯初期的天真幼稚，那个时候的他只想找到正确答案。

然而，要想成为一名有用的公共知识分子，你就必须得学会同自己身处的这个世界，而非自己理想的世界打交道。

反智传统与知识分子传统的共存表明，美国是一个复杂而又充满着矛盾的国家。但正如美国作家菲茨杰拉德的那句名言："检验一流智力的标准，就是看你能不能在头脑中同时存在两种相反的想法，

---

① ［美］保罗・克鲁格曼．克鲁格曼的经济学讲义 [M]. 余江，译．北京：中信出版社，2020.

② 同上。

还能维持正常行事的能力。”[①]

我想，这个标准同样也适用于对一个国家的评判。

2020 年 12 月 27 日星期日

于马萨诸塞州坎布里奇寓所

① [美]菲茨杰拉德．了不起的盖茨比[M]．姚乃强，译．北京：人民文学出版社，2004.

把室友作为方法

这周要离开美国回国了，心里满满的都是离愁别绪。

就在昨天，我特地最后去了一趟哈佛校园，在哈佛燕京学社、费正清中国研究中心、哈佛大学法学院、经济系立陶沃尔大楼以及温德纳图书馆合影留念，我在心里默默地与哈佛做着最后的道别。然后，就是与在哈佛大学这一年结识的朋友们一一拜别。这一年里，对我而言最重要的一个朋友，当然就是我的室友。

我的室友是住在美国东北地区的中国东北人，他来美国将近 8 年了。在中国一所著名大学取得生物学博士学位之后，经过导师介绍，他到美国西海岸一所著名大学的医学院做博士后研究。两年多前，他在美国的博士后合作导师——一位美国国家科学院院士，辞去了西海岸这所大学医学院的工作，来到波士顿一家著名的跨国制药公司工作。我室友经常表达对他的这位美国导师的崇敬之情，因为按照世俗的标准，这位导师已经到了中国的退休年龄，而且身家不菲，完全可以在加州过上无比幸福的退休生活，但他丝毫没有这样的想法，反而打算到企业界一展拳脚。我的室友在旧金山跟着这位导师时表现勤恳，深得导师信任，所以，他也就跟着来到了波士顿的这家跨国药企。

按照中国家庭的看法，我的室友绝对是一个让许多父母艳羡的“别人家的孩子”。他的父亲是东北某省一个地方院校的工科教授，也是农村出来的苦孩子。我的室友从小就听话懂事，从小学到中学，学习一直都不错，虽然不是数一数二，但也是能够进入重点大学的优秀学生。

与我的室友共同生活这一年，我发现他身上有着许多中国人的优点和美德。

首先，我的室友做事非常勤恳、尽职尽责。虽然 2020 年这一年他大部分时间都在家办公，但我看他的工作量一点儿都没有减少。每天早上九点按时上班，下午别人下班之后，他还经常在继续工作，有的时候节假日也不休息。

其次，我的室友特别节俭。我们每周出门买菜，他总是能带我到最物美价廉的中国超市，买到全波士顿最便宜的菜蔬。而且，我们每次逛 Costco 或者去大华超市，他从来只有在打折的时候才会购买牛肉和鱼类等。

最后，我的室友很爱家人。他这样辛苦工作、生活节俭，为的就是能给还在中国东北的家人在美国买一套房。这一年，为了看房，他开车带着我，把整个大波士顿地区逛了个遍。几乎在他能力范围内的正在出售的房子，他都看了个遍。“学区很重要。我媳妇儿说，如果不能买个好学区房，她就不肯来。”这是他经常挂在嘴边的话。

他不喜欢社交，有时候甚至到了让我感到难以理解的地步。他所在的公司每周都会为不同部门的员工提供至少半个小时的交流机会，每个员工都可以与其他部门的同事一起聊天。这是公司提倡的，一来是为了促进同事之间的了解，二来也是为了帮助员工保持良好的工作状态和心理状态。但是，我的室友从来都不参与交流，他太腼腆，在人前不愿多说话。有时候，他所在的部门开会，他会报告自己的工作进展，结束之后，我能清楚地判断出结果的好坏。如果他很开心，说明报告做得很好，否则就会阴沉着脸，半天都不说一句话。一年以来，他做完报告特别开心的时候要少得多，这大概是他对自己要求太高的缘故吧。

虽然在美国生活了很多年，但我的室友丝毫不向往美国的生活。他就只是一个在美国工作的中国人，除了上班之外，他的社交圈子基本都在国内。平时打电话，除了在旧金山实验室的同学，就是家人，他关心中国的一切事情，真心认为中国比美国更加幸福、安全。

我的室友抱怨最多的，就是美国的基础设施建设落后。他常说美国到处都是破破烂烂的，哪里像中国，到处都修得那么漂亮。“你看咱们中国的路，又平又宽，哪里像美国的破路，到处都是坑，也没见谁来修补，要是在中国，早就修得漂漂亮亮的了。”“美国真像一个第三世界国家。我刚到旧金山的时候吓了一跳，到处都是流浪汉，到处都破破烂烂的。”

终于有一天，我忍不住问他：“既然如此，你为什么不回国去？”那天天色本来就有点暗，我这样一问，发现他的眸子也暗淡了下去，感觉人也难过起来。我突然感到有些后悔，后悔自己问错了问题。

他一边叹息一边说：“唉，我是没有发了好文章。我在旧金山做了几年实验，做小鼠。你可能不知道，做小鼠很耗时间，一个实验一做就是一两年，最后的结果不好，只能再换一个实验做，又要一两年。我运气不好，没作出好的结果来。你看那些作出好结果的，都回国去了，不是拿到优青，就是成为教授，（入职的）学校都好得不得了。”①

在我的室友心目中，最高一档的人才，就应该是发表了好文章，然后回国，到著名的科研院所找个“位置”的人。只有在发表记录不好，回去没有好的发展机会的情况下，人们才会想着留下来在美国的企业或机构工作。

除了工作，我的室友最大的娱乐，就是看电视剧。而且，他从来不看美剧，都是追国产剧。除了电视剧，他还对国内的许多综艺节

---

① 优青为国家自然科学基金会下设的“优秀青年科学基金项目”的缩写，拿到这个项目是许多青年科学工作者梦寐以求的目标。

目如数家珍。我认为，我的室友除了自己的工作业务之外，最熟悉的可能就是中国的流量明星了。

有时候一起吃饭，谈到哪个明星，对于这个明星的过往、身价，以及未来的发展潜力，他都能说得头头是道。那个时候，我感到与他有着很深的代沟，虽然我们只差了 4 岁。

我和我的室友时常争论，从这些争论中，我开始一点一点地了解他。到了后来我发现，我的室友激起了我强烈的研究兴趣。

牛津大学人类学教授项飙在 2020 年出版了一本书，名字叫《把自己作为方法》。[①] 受到他的这本书的启发，我开始把我的室友作为方法，以他为起点来认识中国人，以及中国人到美国之后的心态与思想的变化。作为一个在中国一直读到工科博士的人，我的室友身上有很浓烈的中国文化的基因——勤奋、重视家庭、节俭，同时也非常保守。我在美国见过不少这样的第一代华人，他们虽然人在美国，但是从生活方式到内在意识，都是一个彻头彻尾的中国人。无论他们走到哪里，他们作为中国人的底色都不会改变。

昨天下午，为了给我送行，我的室友特意做了几个好菜。席间，我谈起了张艺谋导演的新片《一秒钟》。我们看到 YouTube 上的简介说，《一秒钟》这部电影讲述了一位被打成右派的父亲，为了看一部电影中出现的一秒钟关于自己女儿的镜头，而遭遇的一系列故事。

---

① 项飚，吴琦 . 把自己作为方法——与项飚谈话 [M]. 上海：上海文艺出版社，2020.

看完简介，我的室友习惯性地皱起了眉头，我知道，我们又要开始争论了：“像张艺谋这样的导演，为什么就不能拍点中国光明、美好的东西给外国人看呢？为什么老是拍这些阴暗的东西呢？这不就是为了自己拿奖，而不顾国家形象吗？”我的室友有些激动。

“可是，能反思一些看起来不够光明的过往，不也是一种进步吗？再说，艺术也不一定只能描写生活中的光明、美好，也可以反映它的其他面向吧？”我小心地回应着他。

“这话我就不同意，拍电影难道不应该拍一些振奋人心，提振我们精神的东西吗？拍这些有什么用？除了让我们感到难受还有什么用？”室友的脖子梗了起来，眼睛里透着一股正气。

我只好岔开话题，因为我的室友对于他认为正确的事情是很坚持己见的。他是一个简单的好人，我不想在这最后一天继续以往无谓的争论。

我举起杯子，敬我的室友：“这一年来，多亏你的照顾，今天我就以茶代酒，谢谢你了。”

我的室友听了我的这句话，眼神中掠过一丝笑意，不好意思起来：“你放心去纽约检测核酸和IGM（疫情肆虐之际，这些都是登机回国必须做的医学检查），若是真有什么意外，你就尽管回来继续住，你放心，只要有我一口吃的，就不会饿着你。”

在这个寒冷的冬日，我从波士顿一路飞奔到纽约，做完检测，坐在宾馆的沙发上，拿起电脑想写写与我朝夕相处一年的我的同胞，心里突然冒出了这样一句话：“我的室友，他是一个单纯的好人！”

我并不担心与他不会再见面，事实上，回到祖国之后，我的身边，到处都是他这样的人的影子。

2021 年 1 月 4 日星期一

于纽约曼哈顿法拉盛地区

Ⅲ

唐纳德·特朗普与美国总统大选

外卖骑手与特朗普修墙

这两天，我的微信朋友圈被《人物》的一篇名为“外卖骑手，困在系统里”的文章给刷屏了。这篇文章以浓重的笔墨渲染了美团和饿了么等公司的外卖骑手谋生之不易。随着平台算法越来越先进，外卖骑手被算法不断地抛到危险的境地，作者根据交警部门公布的数据，认为“外卖员已成高危职业”。《人物》团队根据近半年的调查，试图回答这样一个问题：一个在某个领域创造了巨大价值的行业，为什么同时也是一个社会问题的制造者？

这篇文章很长，是《人物》团队通过与全国各地几十位外卖骑手、配送链条各环节的参与者、社会学学者的交流所写的一篇调查文章。但不得不说，作者在叙述的时候，笔端常带感情，对外卖骑手们的境遇格外同情。

这篇文章一经推出，立即受到各方的关注，迅速成为这几天的一个热点。它有两个地方很吸引人：第一，聚焦于我们每天都会看到的那些风里来、雨里去的外卖小哥的辛苦打拼，打动了很多善良的普通人；第二，数字经济时代，人成了系统的奴隶，算法和平台压榨着让我们为之掬一把同情之泪的外卖骑手，让人义愤，这不就是马克思所说的劳动的“异化”吗？

自从人类偷吃了禁果，被逐出伊甸园之后，我们生活的这个世界就到处充斥着资源稀缺现象，人世间多少悲剧和罪恶，根源大抵在此。世间有两大恶魔，限制着我们拥有更多：一个是无所不在的稀缺性，另一个是其他人也想要。事实上，不只是外卖骑手，所有生存于天地之间的人们，哪一个不像外卖骑手一样，面对着外在的压力和竞争。要在这个凡尘俗世生存下来（还远远谈不上繁荣兴旺）谈何容易，每个人都必须拼尽全力，并且不能有丝毫的懈怠。

其实，造成外卖骑手这样的处境和遭遇的，不是平台，也不是算法，而是还有其他的人想进到这个行业中来。《人物》这篇文章中的外卖骑手就曾多次提道：“你不干，有的是人干！”

我有一个亲戚，原来在中西部的一家国有企业工作。那家企业前几年经营状况不景气，他暂时在家待业，每个月只能拿600元的基本工资。去年年初，他来到杭州当起了外卖骑手，月收入在1万～2万元。这么高的收入，以至于单位让他回去工作的时候，他非常不乐意，不愿意放弃在杭州的这份高薪工作。平心而论，以他的学历和技术能力，拿到这样的工资水平，我是颇为诧异的。年底当他来问我他是不是应该回去上班时，我当时的回答是："这个钱现在这么好赚，将来一定会非常辛苦的，你应该有这样的预期。"我之所以会给他这样的建议，其实道理非常简单：这个工作门槛低而收入高，其他人一定会蜂拥而至，行业收入一定会下降，最终的待遇可能会下降到恶性竞争所导致的水平。

无论是美团还是饿了么，它们都是企业，企业的主要目标是在合理合法的范围内，尽可能地追求有效率地提供商品和服务。企业是一群人聚集在一起缔结一连串的契约关系，他们中有人拥有物质资源的所有权，有人拥有人力资源的所有权。这些人走到一起，把他们所拥有的资源组织起来，以企业的形式加以运用，目的就是发掘资源的最大价值，这个最大价值表现为给社会提供足够多的商品和服务。商品和服务提供得越多、质量越高，企业存在的意义就越大，利润自然也就越大。这就是市场经济下企业的本质，也是企业的追求目标。而一个追求利润最大化的企业，必然会追求成本的最小化，这两者是企业的一体两面。无论是美团还是饿了么，它们也都像外卖骑手一样，无时无刻不处于竞争之中，稍有不慎，就可能被无情的市场抛弃。

所以，平台与其他平台竞争带来的一个结果就是算法不断改进。平台不会与骑手竞争，与骑手竞争的是其他骑手。把骑手困在系统里的，不是平台、不是算法，而是市场经济本身。但，这就是我们现代人的谋生方式，至少，这是我们所知的能使财富创造最大化的谋生方式。当看完这篇"外卖骑手，困在系统里"的文章之后，你点开美团或饿了么的 App，准备点餐的时候，我相信，你还是会选用时更短的那个外卖骑手。人们可以表现得很有情怀，但他们的选择从来都是冷酷无情的。

这让我想起了奉行自由资本主义的美国。我认为，如果你理解外卖骑手的困境，理解在看这篇“外卖骑手，困在系统里”的文章时感到义愤和同情的人们，也就能理解美国中下层人民的感受，以及他们为什么会选出像特朗普这样的总统来。

在过去几十年的经济全球化过程中，美国企业面临着来自全球的竞争，它们必须更有效率地组织资源，尽可能地压低成本，追求利润的最大化。由于世界其他国家和地区的大量廉价劳动力涌入全球经济体系中来，许多美国工厂不得不搬离美国，美国制造业开始空心化。同时，来自墨西哥、印度等发展中国家的移民，也通过各种方式来到美国寻找工作，与美国工人展开竞争。

我刚到哈佛大学时，去国际处注册，排在我前面的是一位刚刚从加州理工学院毕业的工科博士，他来哈佛大学做博士后。我问他一年的薪酬，他说只有 5 万美元。5 万美元看起来很多，其实扣掉保险、租房、吃饭的费用，基本上所剩无几。出于礼貌，我压抑着自己的惊讶，但还是被他看了出来，他苦笑着说：“这些年到美国做博后的人太多了，你不做，后面一堆印度人争着要做呢！”我的室友来自中国东北，在美国一家很大的制药公司工作有两年时间了。他那个部门的经理经常告诫他，让他下班不要工作，因为这样会影响全组同事的工作表现和生活质量，对其他同事不公平。

我们设身处地想象一下：假如你是一名普通的美国工人，当越来越多外国的技术工人和低技能工人涌入自己的国家，而你不得不放弃原来相对安稳闲适的工作状态、假期和福利与他们进行竞争，否则就会失业时，你会作何感受？支持自由竞争的资本主义精神，说说可以，但真降临到自己头上，恐怕很多人都不愿意去接受它。处在同样处境的美国工人，就像美团和饿了么的外卖骑手，也被困在了系统里。不过，不同的是，这些美国人可以通过选举选出一个像特朗普这样的总统来应对。因为特朗普告诉他们，他要修一面墙，把那些偷渡来美国的劳工挡在国门之外！他要收紧签证，把大量的工作机会留给美国人！

经济学家们一向以其意见难以统一而著称，10 个经济学家甚至会给出 11 种意见。但是，对于自由贸易和市场竞争的好处，却几乎没有哪个经济学家持反对态度。而自由贸易和市场竞争在创造更多总体价值的同时，人们对其评价也是褒贬不一的。这个问题，与“外卖骑手，困在系统里”这篇文章要回答的问题，几乎没有什么分别。

特朗普总统要修墙，宣称是为了挡住从墨西哥来的非法移民。《人物》的这篇文章，在我们这些善良的人的心里，也修了一面墙。只不过，我们不知道要挡住谁，才能把困在系统里的外卖骑手解脱出来。

2020 年 9 月 11 日星期五

于波士顿公园

不靠谱的民调

美国总统大选已经进入最后阶段，距离 11 月 3 日结果揭晓，只剩一个多月的时间了。下个星期二，也就是 9 月 29 日，总统候选人前三场公开辩论会的第一场，将在共和党总统候选人特朗普和民主党总统候选人拜登之间展开。民调数据显示，特朗普的支持率目前落后于拜登 7 个百分点。

作为现任总统的特朗普，对这一次总统竞选也非常卖力。74 岁的他马不停蹄地在各个摇摆州奔走，不顾可能会感染新型冠状病毒的风险，毅然与选民进行近距离接触。这说明，他自己对这场总统竞选的结果，或许不像他嘴巴上说的那样自信。同时，他还不断讥笑拜登，之前给拜登起了一个“瞌睡登”的外号，现在由于拜登很少出现在各州，下基层与选民进行近距离接触，又给他起了个外号，叫作“海灯”（Hiden），也就是“藏起来的拜登”的意思。特朗普仗着自己身体强壮，比拜登小 4 岁，还不断秀肌肉，今天说拜登的身体状况可能无法支撑他执掌美国，明天说拜登如果参加大选辩论，怕是撑不过一个半小时。

特朗普总统对民调结果的这种敏感，其实大可不必。2016 年美国总统大选，民调显示民主党候选人希拉里一直领先于特朗普，但最终还是功败垂成。民调这种事，虽然不是完全没有价值，但中间其实藏着很多玄机。

首先，距离 11 月 3 日的总统大选结果公布日还有一个多月的时间，这一个多月里，双方的竞选竞争会更加激烈，也更为紧张。因此，这一段时间内，可能发生许多意想不到的事情，使得选情更加扑朔迷离。当年希拉里一直到大选前 5 天，还保持着 6 个百分点的民调优势。但就在此时，美国联邦调查局局长向国会报告称，希拉里在担任国务卿期间使用私人电子邮箱和服务器，违背了相关法律，此举使得希拉里对特朗普的支持率优势大幅收窄。所以，世事难料！何况特朗普如今是在任总统，手上的牌要更多，在 10 月份说不定还会带来什么样的意外呢！

其次，民调的抽样也面临重重陷阱。第一个陷阱，就是随机抽样。随机抽样是统计学中的一个概念，民调机构当然希望知道每个公民对总统候选人的支持意愿，但他们没有能力或受到成本限制，无法调查每一个人，所以就不得不通过简单的随机抽样，从总体中随机抽取一定的人数，比如一万人，来作为整体的一个代表。不完全随机抽样会带来偏差，其中一个最著名的例子是 1936 年的美国总统大选。在这次大选前夕，有民调显示，共和党总统候选人阿尔弗雷德·兰登（Alfred Landen）将以 57% 的绝对优势击败现任总统富兰克林·罗斯福（43%）。民调提到的这次选举获胜方将以压倒性的优势取得胜利这一点是正确的，但在谁将成为获胜者这一点上却错了，结果是罗斯福总统最终以 59% 的支持率获胜。

1936 年的民调为什么会犯这样一个大错呢？原因是样本选择出了问题，这次民调的对象都是从电话簿和汽车登记文档中选取的。但 1936 年时许多家庭还没有汽车或者电话，这些基本上都是富人才有的，而富人大多是共和党人。这次民调没有从总体中随机抽样，导致抽到的民主党人较少，这才犯下了一个令人尴尬的错误。现在的民调虽然会汲取当年的教训，但是，民调调查到的那些人会不会是最终投票的那些人，对我们来说仍然是一个谜。比如，网络民调的结果常常不能反映那些不太上网，或者不在网上表达意见的选民的意见，而这些选民往往是会积极参与投票的那群人。

最后，虽然民主党总统候选人拜登的总体支持率比特朗普高，但在关键的几个摇摆州，情况却并不乐观，他的领先优势非常微弱。各州的网络民调显示，拜登和特朗普在佛罗里达州和北卡罗来纳州的支持率不相上下。拜登在亚利桑那州仅领先 1 个百分点，在宾夕法尼亚州领先 3 个百分点，在威斯康星州和密歇根州领先 5 个百分点。而这些摇摆州人口规模比较庞大，随时可能会倒向另一个政党，因此，这 6 个摇摆州对于谁能赢得 11 月 3 日的大选至关重要。在这 6 个州，两位候选人的支持率都很接近或者说在民调的抽样误差之内，这意味着两位候选人其实都没有明显的优势。

9 月 22 日，拜登竞选团队发布了一封来自 13 位获得诺贝尔经济学奖的经济学家的联名信，这些人几乎涵盖了 2001—2018 年的一半以上的诺贝尔经济学奖得主。他们认为，拜登的经济议案会带来“更快、更强劲和更公平的经济增长”。他们还说：“虽然对各种经济政策的细节有不同的看法，但我们认为拜登的总体经济议程将改善美国的健康、投资、可持续性、复原力、就业机会和公平性，并大大优于特朗普提出的适得其反的经济政策。”

看到这么多经济学家为拜登站台，我真不知道这对拜登来说是福还是祸。

对于特朗普总统的许多经济政策，以及解决社会问题的办法，经济学家的确多有微词。特朗普总统直接撇开精英阶层，与中下层人民对话，在政策上迎合这些选民的偏好与心理，当然也招来了同样自诩为精英阶层的经济学家的反感。虽然如此，撇开政治上的左派和右派之争，现代经济学在基于数据的实证研究方面取得了空前的进步。对于诸如移民问题、税收问题、国际贸易问题，经济学家通过收集数据，做了许多深入的研究，为困扰美国民众的那些争论指明了新的方向。

但是，非常遗憾，很少有人愿意给予经济学家足够的信任，愿意倾听经济学家给出的忠告。2019 年的诺贝尔经济学奖得主阿比吉特・班纳吉和埃斯特・迪弗洛夫妇在其新作《好的经济学》[①]一书中，提到了 2017 年舆观调查网（YouGov）在英国进行的一项民意调查。该调查设置的问题如下："当下列几种人就自己的专业领域发表言论时，你最相信哪种人的意见？"结果是，护士以 84% 的信任票排名第一，政客排最后，得票率为 5%，经济学家的排名仅比政客高一名，得票率为 25%。人们对天气预报员的信任度是经济学家的两倍。2018 年，班纳吉和迪弗洛夫妇在美国也做了一项类似的调查，结果再次显示，只有 25% 的人相信经济学家在其专业领域内的见解，而政客的得票率则比英国更低。

在这样的背景下，这么多经济学家支持拜登，很难说能够为他的总统竞选带来多少积极的影响。

在预测总统大选这件事上，经济学模型的表现看起来似乎并不出色，至少，在 2016 年美国总统大选的结果预测上，其表现就非常糟糕。

1957 年，经济学家安东尼・唐斯（Anthony Downs）出版了一本名为《民主的经济理论》[②]的著作，这是一部政治经济学名著。在这本书里，唐斯提出了一个著名的中间投票人定理。这个定理告诉我

---

① ［美］阿比吉特・班纳吉，［法］埃斯特・迪弗洛. 好的经济学 [M]. 张缘，蒋宗强，译. 北京：中信出版社，2020.

② ［美］安东尼・唐斯. 民主的经济理论 [M]. 姚洋，邢予青，赖平耀，译. 上海：上海世纪出版集团，2010.

们，任何一个政党或政治家，要想获得多数人的选票，必须使自己的竞选方案与纲领符合中间投票人的意愿。也就是说，任何政党或政治家，如果要赢得选举的胜利，必须保持中间立场。在 2016 年美国总统大选中，希拉里是恪守这一中间投票人定理的，而特朗普则选择了剑走偏锋，他提出的许多竞选主张与主流的价值观背道而驰，但是，最终胜选的却是不走寻常路的特朗普。

其实，唐斯提出的民主的经济理论并没有错，只不过，这个理论有一系列前提假设，不满足这些假设，结论就无法成立。这些假设中最重要的一项，是对中产阶级的情况所做的设定。在唐斯看来，如果一个社会中的中产阶级越多，那么整个社会就越不可能作出极端的选择，越不可能出现革命或者反革命。这样一来，政治就越稳定，社会经济生活就越可能走向理性，而不是走向极端。总之，中产阶级与社会的稳定性有着非常密切的关系。

经济学家之所以不受西方社会民众的信任，有两个原因。第一是电视等媒体上自封的经济学家实在太多了，他们通常顶着某银行或某公司首席经济学家的头衔，本质上却是其所在机构的利益代言人，对于严肃的学术研究成果视而不见。严肃的学院派学者，却又往往不愿意发表意见和预测。而让民众严肃思考，总是不如迎合他们来得容易。

第二是刚才提到的经济理论往往有着许多假设条件，而现实情况很可能无法满足这些假设条件，致使许多经济模型的预测都落空了。经济学家在预测方面的糟糕“业绩”，也是他们不被信任的重要原因。

就比如唐斯的这个中间投票人定理。如果我们观察到美国社会自 20 世纪 80 年代以来，贫富分化加剧，中产阶级不得不承受沉重的税负，所得既不如上层富人多，又要承担下层人民的许多福利支出，那么，我们很可能就不会用错唐斯的这个模型了。

2020 年 9 月 25 日星期五

于马萨诸塞州坎布里奇寓所

美国的税负都是谁在承担

2020 年 9 月 27 日这天对特朗普总统来说并不十分愉快。他原本是打算在这个愉快的周末打一场高尔夫球放松一下的，最终却没有如愿。直到次日凌晨，特朗普总统仍然未能入眠。这位“用 Twitter 治国”的总统，发了一条新的推文，只有两个单词——“fake news”（假新闻）。

美国人都知道，特朗普总统所说的假新闻是什么。就在 9 月 27 日，《纽约时报》援引长达 20 多年的纳税申报数据爆料称，特朗普在过去 15 年中，有 10 年压根儿没有缴纳过任何所得税。在 2016 年，也就是特朗普赢得美国大选之前那一年，他也仅仅缴纳了 750 美元的联邦所得税。这篇报道中还特别提到了特朗普的各种避税操作，比如，他通过连年报告巨额亏损来规避税收等。

这条消息一出，四座皆惊。特朗普总统的税务问题再次引发关注。

美国有一句流行的谚语："世间只有两件事不可避免，死亡和纳税。"但现在特朗普总统的纳税记录告诉我们，或许世间只有死亡这一件事不可避免，另外一件事，是可以通过操作避免的。

虽然我到美国的时间不长，但对于缴税这件事印象还是非常深刻的。去购物的时候，你一定要记得在商店标记的价格之上再加上税额。在哈佛大学，一个普通的博士研究生的年平均工资收入仅有 1.6 万～ 3 万美元，每年应缴的联邦所得税为 2000 ～ 4000 美元。现在，根据英国广播公司 9 月 27 日的报道，在 2018 年的一份公开文件里，特朗普曾表示他获得了 4.349 亿美元的收入，但根据特朗普的纳税申报单的说法，特朗普当年亏损了 4740 万美元。

特朗普将于 9 月 29 日与拜登进行第一轮总统大选公开辩论，《纽约时报》选择在这个时候爆料，用心不可谓不深。难怪特朗普总统在凌晨还难以入眠。

且让我们把时光拉回到 4 年前。

2016 年 9 月 26 日，民主党总统候选人希拉里和特朗普进行了第一场总统大选公开辩论。希拉里，这位前第一夫人和前国务卿，显然是有备而来，在辩论的一开始占尽上风。而当时的特朗普显得紧张而具有攻击性，他不断打断对手，颇有些焦躁不安。直到他们之间的辩论转到税收问题上来。

特朗普打破了自20世纪70年代早期以来形成的总统候选人公布其纳税记录的传统，以其他的理由拒绝公布其税收清单。希拉里咬住这位地产大亨这一点不放，诘问特朗普为什么在获得赌场牌照时没有支付过任何联邦所得税。特朗普当时自豪地承认："那是我聪明。"就是这样一句话，竟然令希拉里无言以对，整场辩论情势急转直下。

从政治的角度看，"那是我聪明"这个回答非常精明。特朗普的回答，与20世纪80年代美国前总统罗纳德·里根把税法比喻成"每天的公然抢劫"，从基本精神上讲是一样的。不管是在特朗普还是里根的眼里，他们都认为对自利的无止歇的追求创造了资本主义社会繁荣的基础。资本主义给人类的贪婪套上了轭具，不断地为我们生产出更多的商品来。而税收，则是这条康庄大道上的绊脚石。

但事实上，"那是我聪明"暴露出来的，是这套资本主义意识形态逻辑的悖谬所在。彻底的自利行为，将会破坏信任与合作的规范，而这些对于一个繁荣的社会来说不可或缺。如果没有联邦政府和各州政府的基础设施投入，特朗普的摩天大楼如何迎接八方来客？如果没有教师教他的律师学会读写，他怎么可能指望律师帮他寻找税法中的疏漏？如果没有法律和法院系统的正常运行，谁来保护他的财产？而这一切，都需要税收来支撑。没有税收，就没有合作、没有繁荣，甚至这个国家连总统也不需要。

一个总统候选人，公然承认他没有纳税是因为他聪明，而他的竞选对手竟然还无言以对，这充分说明，这个国家的理念和税法一样出现了问题。

像特朗普总统这样的情况，在美国的富人中绝非罕见，特朗普只是站在了风口浪尖上而已。从 20 世纪 80 年代以来，美国富人的收入大涨，他们收割着源自全球化的收益，财富积累之巨前所未有。但就是这部分最富有的美国人，其所承担的税率反而是在不断下降的。与此同时，工薪阶层的工资水平停滞不前，工作条件不断恶化，债务高企，税负还提高了。1980 年以来的美国税收系统，使得市场经济中的赢者愈富，输者愈贫。没有从经济增长中获得好处的人们陷入了赤贫境地。

我们来看一下历史数据的对比。1970 年，美国最富的那群人，所有税负都计算在内，他们的收入中超过 50% 是用来纳税的，这个税率是美国工薪阶层的两倍。2018 年，在特朗普税改之后，过去 100 年中第一次出现了亿万富翁纳税比钢铁工人、学校教师以及退休人员还要少的情况。富人们所缴纳的税款降到了 1910 年的水平，而当时的政府规模只有现在的 1/4。

自 20 世纪 80 年代以来，美国政府的再分配政策到底是如何影响美国人的财富收入的呢？加州大学伯克利分校的经济学家伊曼纽尔·赛斯（Emmanuel Saez）和加布里埃尔·祖克曼（Gabriel Zucman），联合法国经济学教授、《21 世纪资本论》的作者托马斯·皮凯蒂，经过多年的研究，在 2018 年哈佛大学经济系出版的《经济学季刊》（*The Quarterly Journal of Economics*）杂志上，发表了一篇关于美国国民收入在过去 100 年间变化情况的文章[①]，其中特别提到 20 世纪 80 年代以来的情况。自 1980 年以来，美国人均税前国民收入增长了 60%，但是其中有 50% 的人口长期停滞在每年 16 000 美元及以下。中产阶级（收入分位数从中位数到 90 分位数，即从收入排在 50% 到排在 90% 的这一群人，百分位数越高表明收入越高）的税前收入增长了 40%。而顶级富人的收入增长异常惊人：在 1980 年，最富的1% 人群的收入是排在收入靠后的50% 人群的27 倍，到了2018 年，相对应的数值是 81 倍。收入最高的人群，起先是因为劳动收入比较高，但自 2000 年以来，他们的财富增长越发成为一种资本增长现象。

其实，美国的这种收入不平等程度的变化，对于全球化以及民主的未来都至关重要。税收不公平的现象，并不只是出现在美国，许多国家都有不同程度的不公平问题。富人们不断开发各种避税手段，国际间的减轻税负以吸引投资的竞争使得他们有机可乘。随着税率的不断提高，中产阶级由于没有富人们所有的避税手段，只能承担不断加重的税收负担。长此以往，中产阶级自然就对美国政治产生了巨大的不满。

跨国企业可以确保自身不会因为跨国操作而被多次征税，但没有政策可以保证它们不逃税。全球化给企业提供了一个与政府博弈的机会，它们可以与政府谈判，威胁政府提供更低的税率，否则就迁往境外。2017 年，共和党把企业所得税税率从 35% 砍到了 21%，目的

① Thomas Piketty, E. Saez, G. Zucman "Distributional National Accounts: Methods and Estimates for the United States", *Quarterly Journal of Economics*, vol.133(2), 2018, p.553-609.

也是希望通过降低企业所得税税率来提升国际竞争力。但是，从长远来看，真正能够吸引到企业投资的最重要因素，是受教育程度较高的劳动力和完备的基础设施，但这些都需要源于政府税收收入的投资。

就像当年希拉里面对特朗普的回答无言以对一样，无论左派还是右派，他们似乎都认为，对跨国企业征税几乎是不可能的。你今天对它们征税，明天它们就会把公司总部搬到爱尔兰、新加坡等地去。其他国家税率低，美国政府的税率必须比它们更低，这样才能吸引跨国公司的投资。这也是特朗普总统的逻辑。于是，所有国家都在对跨国公司征税上陷入了所谓的“囚徒困境”。要想各国联合起来抵制这种困境，博弈论的逻辑告诉我们，这是做不到的。

但真的没有其他的出路可言吗？伊曼纽尔·赛斯和加布里埃尔·祖克曼在 2019 年出版了一本名为《不公不义的胜利》的著作。[①] 在这本书里，他们提出了其他一些可能的机会。他们认为，上述对跨国公司征税困境的看法是站不住脚的。美国政府仍然可以通过协调政策，采取其他一些可能的形式，避免落入这种困境。毕竟，人力资本和基础设施，才是一国吸引跨国公司投资的最重要的因素。

对待那些顶级富豪们，到底是应该像 1970 年那样，将税率定在 50%，还是应该像现在这样，将税率定在 23%？对公司利润征税的税率到底是应该定在 1960 年的 52%，还是应该定在 2018 年税改之后的 21%？这些问题既非经济学家所能回答，也不是数据分析所能回

---

① ［美］伊曼纽尔·赛斯，加布里埃尔·祖克曼. 不公不义的胜利：如何扭转贫富不均？资本主义与租税正义的民主激辩 [M]. 陈仪，译. 台北：八旗文化，2020.

答的。

最终的答案，还是要由美国人手中的选票来给出。

2020 年 9 月 28 日星期一

于哈佛园

混乱的首场美国总统竞选辩论

美国东部时间 2020 年 9 月 29 日晚 9 时，全美有 70% 的人都期待观看的特朗普与拜登的首场总统竞选公开辩论，终于拉开帷幕。

这可真是一场混乱至极的电视辩论！

在整场辩论的 98 分钟内，现任总统特朗普总共打断对手拜登 73 次，与当年和希拉里辩论时相比高出一倍多。而拜登不断以“骗子”“小丑”来称呼他的对手，对于对方的驳斥，多以讪笑和嘲讽回应。主持人克里斯 · 华莱士（Chris Wallace）不得不经常高声提醒，要求双方冷静发言。在整场辩论中，大多数时候是三个人的声音同时发生，吵作一团，吵得人直想把电视关掉，场面混乱到了极点！我上次遇到这样的场面还是在我女儿幼儿园小班，我去给他们讲故事时。难怪美国的网友调侃："首场总统竞选公开辩论告诉我们，如果拖欠了幼儿园老师的工资，会是多么可怕的结果！"

首场公开辩论一共讨论了6个大选议题：联邦最高法院大法官之争、新型冠状病毒肺炎疫情、美国经济、城市中的种族和暴力、气候变化、选举公正性。虽然辩论规则要求双方按顺序回答主持人的提问，任何一方都不应该打断对方发言，但由于特朗普总统完全不遵守规则，导致双方几乎没有在任何一个问题上进行深入的辩论。

这就是我人生中看到的第一场西方国家最高级别的竞选辩论！从一开始，它给我的感觉就是颠覆性的，整个场面的混乱程度，数次给我惊掉下巴之感。这与我从书上读到的美国总统竞选公开辩论场景实在是太不一样了。

美国总统竞选辩论最早出现于1858年，那一年，亚伯拉罕·林肯与参议员史蒂芬·道格拉斯（Stephan Douglas）在美国参议院进行了7次面对面的辩论。当时，辩论会没有主持人，双方轮流以一个小时的发言开始辩论，然后另一个候选人有一个半小时的时间进行反驳，最后，第一个发言的候选人以半小时的答复结束辩论。双方在时间分配上是公平的，既然没有激烈的辩论，也就谈不上打断了。坐在听众席的是当时的一些政客和记者。辩论结束之后，记者根据速记的内容回去发稿，报纸再刊登林肯和道格拉斯各自的观点。由于当时没有实时的媒体传播，所以这种辩论的意义并不大，因此，之后多年都没有举行候选人辩论。

到了 1960 年，情况发生了巨大改变。当时，时任副总统尼克松和年轻的参议员肯尼迪，展开了第一次总统竞选电视辩论。当时的约翰·肯尼迪非常年轻，选民对他了解不多。肯尼迪信奉天主教，这在一个新教占主导地位的国家可不是什么优势。另外，肯尼迪是富家子弟，那个时代的人对于富家子弟也不怎么待见。所以，在辩论开始之前，尼克松信心满满、志在必得。但是，电视这种媒体让人们将他们的关注点放在了候选人的形象上，而不是他们的政策主张。尼克松在辩论前生了一场病，辩论期间脸色苍白，汗如雨下，西装又恰好与辩论会场背景撞色，显得身材矮小。虽然收听广播的选民认为第一场辩论尼克松丝毫不落下风，但这次电视辩论的观众多达 1.79 亿。一场辩论下来，直接为风度翩翩的肯尼迪入主白宫打下了基础。

到了今天，总统竞选公开辩论更像是一场“秀”，辩论双方都要表现得很强硬，猛烈攻击对手，同时又要注意防守，不能犯下任何政治性错误。在这样的辩论场上胜出的选手，到了国际上进行谈判想必也会是一流好手。不过，察之以特朗普和拜登之间的这场辩论，特朗普虽然咄咄逼人，但除了对自己的成就自吹自擂之外，就是不断破坏辩论规则打断对方。辩论原本是候选人表达自身观点最好的方式，也是选民了解他们的最佳渠道，但像昨天这样的辩论，真不知道坐在电视机前的选民该何去何从。

美国总统制是美国开国先贤们的一个伟大创造。它根据 1787 年通过的美国宪法设立，行使宪法赋予的行政权。开国之初应由谁来执掌国家大权？如何遴选掌权者？如何组建政府？政府如何持续发挥作用？这些问题摆在美国开国元勋，如詹姆斯·麦迪逊、本杰明·富兰克林、亚历山大·汉密尔顿、乔治·华盛顿等人面前。他们不希望重复同时代的其他人所犯下的种种治理过失，而是想要探索新的答案。这其中，最具实验性的创造就包括总统制。

国家需要一种更加有效的领导机制，这种看法业已深入人心。防止专制必须进行权力制衡，但美国的开国元勋也达成了一项共识：要想使治理更加有效，美国需要一个强有力的行政机构。最终，他们放弃了许多人提议的“governor”（总督）这个头衔，而采用了“president”（总统）这个叫法。“总统”这个头衔比较中性，源于拉丁语“praesidere”（主持），实际上是“to preside”（主持、负责或统辖）的意思。开国元勋们创造的是一个比美国当时的任何行政机构都强大得多的行政机构，但是其力量和效力只能基于与其他分支的协调实现。因此，总统就是通过充分考虑其他权力分支扮演的合法角色来领导的政府。

美国总统的权力如此之大，还要归功于第一任总统乔治·华盛顿。乔治·华盛顿是美国总统的典范，这位“不情不愿的乔治”（George the Reluctant）多次表示，他更愿意回到自己的家乡弗农山庄，而不愿意担任一国的最高领导人。在熙熙攘攘追逐权力的人群当中，华盛顿从未恋栈。正是他的不情不愿，赢得了世人的爱戴，所以，人们愿意赋予华盛顿总统更多的权力。他在担任两届总统之职后，坚辞第三个任期，为后世美国总统两届任期的惯例树立了标杆，这一先例在 1951 年以宪法修正案的形式最终确定了下来。笨嘴拙舌的华盛顿在今天这样的总统辩论会上一定会败下阵来。真不知道这是乔治·华盛顿总统的大幸，还是我们的大不幸。

在昨天的这场辩论中，主持人华莱士第一回合的问题是关于最近的美国大法官提名的。在美国联邦最高法院金斯伯格大法官下葬的次日，特朗普总统就提名巴雷特为金斯伯格的继任者。巴雷特一向以极端保守著称，是 2016 年去世的极端保守派大法官安东宁·斯卡利亚（Antonin Scalia）的追随者。她的反堕胎、反同性恋以及反奥巴马医保的主张，使得这次对她的提名充满争议。

当拜登在辩论中指责特朗普于大选前一个多月提名大法官时，特朗普总统强硬地回击道："我的总统任期是四年制，不是三年，这是我的权力。"特朗普总统这话说得固然没错，拜登也无法反驳，但是，不知道他是否还记得 2016 年民主党人奥巴马总统提名大法官，却被共和党控制的参议院投票否决的事情。160 多年前，同为共和党总统的亚伯拉罕·林肯，在大选前 24 天也获得了一次提名大法官的机会。但是，这位受后世敬仰、生前却被认为非常失败的总统认为，这次提名大法官的机会应该留给新的总统。这是多么宽阔的胸襟！可以说，林肯被誉为美国历史上最伟大的总统之一不是没有原因的。

我最近翻译完成了一部著名经济学家约翰·梅纳德·凯恩斯所著的《传记文集》[①]，这本书的第一部分描写了他那个时代的许多政治人物。其中，他对 1923 年卸任首相后不久辞世的英国保守党政治家

---

① John Maynard Keynes, *The Collected Writings of John Maynard Keynes* [10]- Essays is Biography, Cambridge University Press, 2012.

博纳尔·罗（Boerner Luo）先生的缅怀，最是令人动容。在凯恩斯看来，博纳尔·罗先生的下台不但是他的支持者们的不幸，更是他的政治对手的不幸。因为，“我们很难再找到另外一位像他这样毫无偏私的保守党领袖了”。同时，“博纳尔·罗先生首先是一名忠心耿耿的保守党党员，他志虑忠纯，为党的事业殚精竭虑。每次危机之时，他都挺身而出，挽大厦于将倾”。

在这篇传记的最后一段，我深切地感受到了那个时代的政治家有多么伟大，而英美历史上原本是有一个极为伟大的政治家群体的。我在翻译这段话的时候极为动情，请允许我把这一段全文抄录如下。

> 谦逊、温和而又无私的态度，为他赢得了所有曾在他身边工作过的人的爱戴。但是，公众的感受可能取决于他们对更为重大、更为罕见的事情之直觉上的理解，而不取决于这些简单的品质。他们会觉得，博纳尔·罗先生曾是一位伟大的公仆，他生活简朴、尽职尽责，非为一己之私，而是为了公众。许多政治家对于斗争的惊天动地和波诡云谲过于沉迷，他们的内心显然被权力所带来的虚骄与浮华所充斥，贪恋权位、迷恋荣华、一生蝇营，唯求自娱而已。对于这些人，怨谤、轻蔑加诸其身乃是平常之事。他们已经拿到了人世的奖赉，人们无须再对他们表示感激。但公众是乐于看到这样一位不沉溺于其应得的那份荣华的首相的。一个人，虽然贵为首相，却不觊觎什么伟大之物，不

仅退位时不贪恋荣华，在位时也一样克己奉公，对于这样的人在接受这个国家最显赫职位时的淡然一笑，我们是最容易被它深深打动的了。

无论是乔治·华盛顿，还是亚伯拉罕·林肯，抑或是博纳尔·罗，他们在世时没有觊觎什么“伟大之物”，退位时也不贪恋荣华，这样的人在接受这个世间最显赫的职位时的淡然一笑，想必可以让我们忘却昨天这场辩论带来的所有不快吧！

2020 年 9 月 30 日星期三

于哈佛大学温德纳图书馆外

特朗普和共和党真的更善于管理经济吗

今天是 10 月 29 日，距离美国总统大选结果揭晓只有不到 6 天的时间了。

最近这些天，经历了特朗普夫妇感染新型冠状病毒，拜登父子深陷邮件门丑闻之后，特朗普的民调支持率开始走高。现在，特朗普每天奔走于各个摇摆州，大型竞选聚会不断，甚至他一天要奔赴四个会场做演讲。对于一个 74 岁的老人来说，这的确是很不一般的工作强度。看来，特朗普为了这次大选真的是拼尽全力了。

在特朗普的竞选演讲中，除了“让美国再次伟大”这样的口号之外，就是他对自己过去 3 年多的执政成绩的各种吹嘘。虽然他自己的企业在过去 15 年严重亏损，个人所得税甚至一度低至 750 美元，比许多外国留学生都低。但这一切都不妨碍这位共和党领袖，对自己在领导美国经济方面的表现大夸特夸。

情况真的是这样吗？看起来，在特朗普上任的 3 年中，美国的实际 GDP 平均增长率为 2.58%，好于奥巴马第二个任期的 2.19%，但如果算上 2020 年预期为负的经济增长率，特朗普 4 年任期的 GDP 平均增长率仍然不如奥巴马的第二个任期。

特朗普把责任推到了新型冠状病毒肺炎疫情上，这在一定程度上也是事实。但由于特朗普政府防疫不力，恐怕 2020 年美国的经济表现将会逊色于防疫工作做得比较好的德国、日本和韩国等发达经济体，更不会有中国那样的成绩。

其实，即便没有新型冠状病毒肺炎疫情，在特朗普任期内，美国在许多经济指标上的表现，也不如奥巴马总统在任的 8 年。这一点，美国新闻媒体已经进行了反复的事实验证，他们认为特朗普的自我吹嘘大都不符合事实。特朗普在看到这样的报道后，并没有探讨数据和事实的正确与否，反而指责对方居心叵测，打压总统。如此逻辑，与泼妇骂街又有何异？几场特朗普的拉票演讲看下来，听到他的那么多不合逻辑的言辞，看着台下山呼海啸的美国民众，我突然心生恐惧，感到荒谬绝伦。

哈佛大学毕业的知名宏观经济学家努里埃尔·鲁比尼（Nouriel Roubini），是纽约大学经济学教授。他因准确预测到了 2008 年的金融海啸而一夜成名。在 2020 年 9 月，他写了一篇文章，名字叫作“为什么对于美国经济来说拜登要比特朗普更好”[1]，还被拜登的竞选团队引用来作为宣传。

鲁比尼说，长期以来，大家都有一个这样的认识，那就是共和党人更善于经济管理，但这只是一个长期流传的说法罢了。作为经济波动的政治周期说的提出者，他认为，与共和党总统特朗普相比，民主党总统候选人拜登的经济政策能帮美国达成较快的增长、更低的失业率和更强大的股市。

的确，美国的经济衰退几乎都发生在共和党执政时期。20 世纪 70 年代的滞涨时期，1980—1982 年与通胀做斗争导致的衰退期，1990 年海湾战争时的衰退期，2001 年互联网泡沫破裂后的衰退期，2007—2008 年的金融大海啸所导致的衰退期，一桩桩、一件件，都发生在共和党的领导和监管之下。

在鲁比尼看来，这并不是偶然的巧合，而是一种内在机制的外在表现。共和党人奉行宽松的监管政策，这样的政策会造成金融危机和经济衰退。而共和党人在财政政策方面的鲁莽表现，使他们实际的财政支出与民主党人一样多，而且前者还拒绝通过加税弥补预算缺口。

由于小布什总统管理不善，在奥巴马总统上任的 2009 年初，美国失业率超过 10%，经济自由落体，预算赤字高达 1.2 万亿美元，股市下跌近 60%。但在 2017 年初，奥巴马第二个任期结束时，所有这

---

① Nouriel Roubini, “Why Biden Is Better Than Trump for the Economy”, *Project Syndicate*, 2020.

些指标都得到了大幅改善。

鲁比尼甚至认为，特朗普从其父亲那里继承了数百万美元，但都浪费在了他那不成功的商业帝国上，而他也从前任奥巴马总统那里继承了强大的经济实力，但只用了一个任期就把它破坏无遗。

鲁比尼之所以认为拜登当总统会比特朗普要好，原因非常简单，那就是拜登政府不太可能奉行激进的经济政策。拜登政府可能会提高公司和家庭收入最高的 1% 家庭的边际税率，而特朗普和共和党人控制的国会虽然削减了边际税率，却向富有的捐助者和公司提供了高达 1.5 万亿美元的援助。更高的税率会对公司利润造成一定程度的打击，但通过堵住避税行为上的漏洞，再加上拜登提出的美国制造政策，可以把更多工作岗位、利润和产业带回美国，这些收益将能抵消其政策对经济造成的任何损失。

而且，拜登还提出了一套旨在促进经济增长的财政政策，如果民主党人同时控制了国会和白宫，拜登政府将能针对家庭、工人和小型企业的需要而实施财政刺激方案，并增加创造就业机会的基础设施支出和对绿色经济的投资。他们不会为亿万富翁减税，而是会在教育和工人再培训方面投资，实施积极的工业和创新政策，从而提升美国未来的竞争力。

最重要的是，拜登不会在 Twitter 上发脾气，来吓唬那些私人企业。

鲁比尼认为，虽然特朗普是以民粹主义者的身份参加竞选的，但他的经济政策对工人和美国长期的经济竞争力造成了灾难性的影响。“绝望病”在特朗普的治下势头未减。2019 年，全美有超过 7 万人因滥用药物而死。如果美国想要为未来的高价值工作培养合格的员工，它就必须培养自己的劳动力，而不是接受自我毁灭式的贸易保护主义和仇外心理。

2016 年，美国顶级的经济学杂志《美国经济评论》刊发了一篇由知名经济学家阿兰·布林德（Alan Blinder）与马克·沃森（Mark Waston）合写的论文，题目叫“总统与美国经济：一个计量经济学的探讨”。[①] 这篇论文告诉我们，美国经济在民主党总统当政时，要比共和党总统在任时表现更好，而且无论以哪一种经济绩效指标来衡量，这一结论都不会发生变化。

美国的季度经济数据记录始于 1947 年，布林德和沃森的文章考察了从杜鲁门总统的第二个任期开始，到奥巴马总统的第一个任期结束这个时间区间。在这一时期内，美国 GDP 的平均增长率为 3.33%。民主党总统共有 7 位，其在位时经济平均增长速度为 4.33%；共和党总统共有 9 位，其在位时经济平均增长速度为 2.54%。从这个数据来看，民主党总统主政时期的经济表现明显好于共和党总统主政时期。

而且更有意思的是，一旦总统宝座出现政党轮替，只要共和党总统上任，经济就会变差，而只要民主党总统上台，经济就会转好。这一规律，从杜鲁门总统到奥巴马总统，无一例外。

再来看经济衰退的情况。布林德和沃森所统计的时间区间，一

① Alan S. Blinder, Mark W. Watson, “Presidents and the US Economy: An Econometric Exploration,” *American Economic Review*, vol. 106(4), pages 1015-1045, April.

共包括 256 个季度，其中有 49 个季度出现了经济衰退。其中，民主党总统占 8 个季度，共和党总统则高达 41 个季度。如此悬殊的比例，很难用共和党运气不佳来解释。

即便把这个比较扩展到 1947 年之前，1875—1947 年的 72 年中，民主党总统执政时期的经济平均增长率为 5.15%，而共和党总统执政时期这一指标仅为 3.91%。衰退季度共计 133 个，民主党和共和党总统分别占了 39 个和 94 个，差别仍然非常明显。

当然，这些数据比较尚且不能证明，党派主政的差异就是经济绩效表现差异的原因，这中间也许还有其他被遗漏的重要机制，而且这一机制神奇地与政党轮替踏在同样的节奏上。但即便如此，布林德和沃森的论证结果也足以打破共和党人善于管理经济的神话了。

上个周末，我参加了一场由麻省理工学院斯隆管理学院副院长、著名的华裔教授黄亚生先生主讲的讲座，感触颇多。黄先生是一位严谨而且学术成就很高的学者，他对共和党，尤其是对特朗普本人，充满了失望之情。在他看来，一个不重科学、毫无逻辑的人能够当选美国总统，是美国近三四十年政治生态恶化的结果。

有意思的是，我访学所在的马萨诸塞州坎布里奇市，是美国高等教育最发达的地方，基本上少有特朗普的支持者。我在这里见到的绝大部分学者，到目前为止，没有一位为特朗普说话的。按照他们所有的理论和学说，这样的人根本不应该成为美国总统。

想一想人类近代的历史吧，比如第一次世界大战、第二次世界大战、“大萧条”等。正如知名经济学家罗纳德·科斯（Ronald

Coase）所说：“我发现，对于人类事务中愚蠢之举所扮演的角色，我们是很难做到视而不见的。17 世纪瑞典的一位财政大臣艾克赛尔·奥克森蒂耶纳（Axel Oxentiernd）在给自己儿子的一封信中写道：“我的孩子，你不知道，统治世界所使用到的智慧简直少得可怜。”揆诸今日，亦未尝稍改。正如弗兰克·奈特曾告诉我们的那样：“人们是理性的，也是非理性的。我经常疑惑，为什么经济学家会那么容易就接受‘人是按照理性来行动的’这样的观点，对于人类来说，荒唐事真是比比皆是。”①

历史如同一艘大船，飘荡在无边无际的大海之上。而推动它前行的动力，却隐藏在那蔚蓝大海深不可测的地方。

2020 年 10 月 29 日星期四

于马萨诸塞州坎布里奇寓所

① R. H. Coase, Comment on Thomas W. Hazlett: Assigning Property Rights to Radio Spectrum Users: Why did Fcc License Auctions take 67 years? *Journal of Law and Economics* Vol. 41, No. S2 (October 1998), pp. 577-580.

大势已去的特朗普

经过长达 5 天的焦急等待，美国大选终于有了结果。美联社等多家媒体机构宣布拜登胜选，特朗普的白宫生活即将宣告结束。

这真是美国历史上最离奇的 5 天，不断创造着新的历史。

无论是胜选的拜登，还是败选的特朗普，他们得到的选票都在 7100 万张以上。这次大选投票总人数创历史新高，当选总统的得票数创历史新高，败选的总统候选人的得票数也创历史新高，甚至超出了 2008 年奥巴马总统的胜选票数。

这次总统选举，特朗普一开始是领先的。美国东部时间 11 月 4 日凌晨，特朗普甚至在白宫宣布自己将要获胜，并要求停止计票。曾在民主党内竞争总统候选人的佛蒙特州参议员桑德斯（Sanders）在大选之前就预言，11 月 3 日晚上 10 点之前，特朗普总统的票数会领先，因为支持特朗普的选民基本上都是选举当天去现场投票的，他们不怕新型冠状病毒。但邮寄选票则多支持拜登，随着一批批邮寄选票到达开票地，许多摇摆州会由红翻蓝，从特朗普占优势转变为拜登占优势。桑德斯的预言一一证实，而且他还说，特朗普总统会拒绝承认这一切，并希望把官司打到联邦最高法院。

今天在各个媒体纷纷祝贺拜登当选之时，特朗普总统仍然表示不服，认为民主党人涉嫌选票造假，发誓要把官司打到底。那么，对总统大选投票结果有争议的情况，在美国历史上有没有过类似的先例呢？这些争议又是如何解决的呢？事实上，美国历史上因总统大选结果而引发争议的情况出现了不止一次，一共有四次之多。

第一次出现对总统选举投票结果有争议的情况发生在 1824 年。当时，角逐美国总统宝座的有四位候选人，安德鲁・杰克逊（Andrew Jackson）赢得了最多选票以及选举人团票，却没有超过半数，根据宪法规定，这种情况要由众议院投票决定总统人选。众议院议长亨利・克莱（Henry Clay）放弃杰克逊而选择了约翰・昆西・亚当斯（John Quincy Adams），而亚当斯总统上台后，任命了这位克莱议长为国务卿。杰克逊对此深怀愤懑，痛斥选举过程是“黑幕操作”“腐败交易”。1828 年，杰克逊再度参选，并取得了胜利。杰克逊总统是首位不靠政治精英，而靠民粹主义获得权力的总统，他也是特朗普最崇拜的前任之一。

第二次是 1860 年的总统大选，这也是美国历史上分歧最严重、冲击最大的总统选举。当时，有关黑奴制到底是存是废的问题撕裂了美国南北。共和党总统候选人亚伯拉罕・林肯当选，这是共和党第一次上台执政，之后爆发了美国南北战争。

第三次是 1876 年的总统大选，此时美国内战已经结束，共和党掌控联邦政府。但由于共和党党内不断爆出腐败丑闻，同时又伴随着经济衰退，共和党民意支持率大跌。在这样的背景下，民主党总统候选人塞缪尔・蒂尔顿（Samuel Tilden）赢得多数选票，在选举人团投票中也领先对手。但当时两党在佛罗里达州、路易斯安那州、南卡罗来纳州以及俄勒冈州都出现了争议。后来，美国国会任命了一个委员会来确定胜者。最终，拉瑟福德・海斯（Rutherford Hayes）以 1 票的微弱优势击败蒂尔顿，当选总统。这次大选结果在总统就职日前两天才算揭晓，而且为了谋求总统大位，共和党与民主党相互妥协，致使南北战争的胜利果实付诸东流，"南方重建"宣告结束。

第四次，也是最近的一次，是 2000 年小布什与艾伯特・戈尔（Albert Gore）的总统对决。这场总统大选与 2020 年的这场大选有许多相似之处，颇富戏剧性。共和党和民主党围绕佛罗里达州的计票工作，经历了 36 天的"世纪司法大战"。这场大战打得天昏地暗，而最后决定总统宝座归属的，是非民选的联邦最高法院。

在美国，谁当选总统并不单纯取决于谁得到的选票多。2000 年民主党总统候选人戈尔比共和党总统候选人小布什多得了近 53 万张普选票，而赢得大选的却是后者。这就不得不说一说美国总统大选中的选举人团制度了。

准确来说，美国的政体是共和制，美国的总统不是由全民直选产生的。根据美国宪法，各州选民在总统大选中选出的只是选举人。大选后，各州的选举人会组成全国性的选举团，最后由选举团的投票来决定总统选举结果。按照传统的民主理论，只有实行最广泛的直接民主，按照多数人的意志来处理国家大事，才能充分行使民主权利。但美国的制宪先贤们对此深怀疑虑，他们认为，这种朴素的民主理论对人性的洞察可能不够。人们并不都是正直无私之辈，如果有人野心勃勃、拉帮结派、多数勾结起来欺压少数，就会形成“多数人的暴政”。

而且，人民往往并不懂得政治，很容易被一小撮居心叵测的政治野心家误导。法国大革命的血腥历史证实了美国制宪先贤们的这种担心，任何一种不受限制的权力，都可以以“人民民主”的高尚名义，行最彻底的专制和最残酷的暴政之实。

针对这样的难题，美国制宪先贤们想要的不是用民主对抗野心，而是用野心来对抗野心。所以，他们在美国宪法中精心设计的政治制度，不是民意至上的民主制，而是以分权制衡和多元利益为基石的代议制共和政体。这样，就形成了美国各州的选举人团制度。

美国选民在大选日投票，不仅要选出总统人选，还要选出代表 50 个州和华盛顿特区的 538 名选举人，从而组成选举人团。绝大多数州和华盛顿特区均遵循“胜者全得”规则，也就是把本州或特区的选举人票全部给予在本州或特区获得相对多数选票的总统候选人，赢得 270 张及以上选举人票的总统候选人即获得选举胜利。

2000 年大选，民主党总统候选人戈尔获得 267 张选举人团票，共和党总统候选人小布什获得 246 张。最后，佛罗里达州的 25 张选举人团票成为决定胜负的关键。但由于计票中的一些技术上的问题，导致了一些争议。当时小布什的弟弟杰布 · 布什（“Jeb” Bush）[①]担任佛罗里达州州长，州政府宣布小布什胜出。戈尔阵营自然不服，要求部分县重新计票，并上诉至佛罗里达州最高法院，法院判决戈尔胜。接着小布什上诉至美国联邦最高法院。最终，联邦最高法院以 5∶4 的投票比例，推翻了佛罗里达州最高法院的裁决，判小布什胜出，并禁止戈尔上诉。戈尔最终也接受了这一判决结果。

2016 年总统大选，特朗普总统也是赢得了选举人团票，但普选票少于民主党总统候选人希拉里。

在这次总统大选中，我还注意到了一个非常有意思的现象，那就是总统候选人在一个州是否胜选，并不是由正式的国家机构来宣布，而是由媒体来公布的。美国跟许多国家不一样，它并没有一个全国性的国家选举委员会来宣布大选结果，而是由媒体担起这个重任。这就可以解释，为什么我这几天里在不同的媒体上看到的拜登与特朗普的选举人团票比例会不一样了。

从 1848 年以来，美国总统大选结果的公布，一直是由美联社承担的。美联社有 4000 多名自由职业记者，他们从 50 个州的每一个县的选票统计机构获取数据。拿到数据后，这些记者会再打电话给美联

① 杰布的英文是由他名字 John Ellis Bush 中三个单词的首字母组成的。

社的投票输入中心，那里有 800 名工作人员负责统计测算选票。

每一个州都有一个选举结果发布人，他跟分析师一起核查统计结果，并与美联社在华盛顿特区的政治团队共同决定何时宣布胜者。然后，两名编辑签署同意意见后，发布选举结果。总统选举的结果，由美联社的华盛顿分社社长来签署发布。美联社的结果完全是由事实和数据决定的，不会受任何外界力量的影响，发布结果的团队也不参与任何竞选团队的辩论。美联社不会预测、猜测、估计选举结果。如果发布人不能确定谁赢了，就不会发布消息。就像 2000 年，候选人双方打官司，美联社就没有宣布谁是大选的获胜者，一直等到联邦最高法院作出最后判决才予以宣布。

100 多年来，美联社积累创建了选举方面的数据库，拥有成熟的员工和经验，这让它在选举结果统计和发布方面具有无可比拟的优势。因此，其他媒体机构也多采用美联社的数据和结果。

11 月 7 日，也就是我写下这篇文章的这一天，美联社宣布，拜登获得了超过 270 张选举人票，将成为美国第 46 任总统。

特朗普总统随后在 Twitter 上发了一条消息，仍然拒绝承认自己败选，表示这只是法律诉讼程序的开始。特朗普可以继续在 Twitter 上号召他的粉丝为他而战，继续顽固地坚称自己胜选，对手是采用了卑鄙的手段才获胜的。但民主就是民主，也许，特朗普只有大度地接受现实，并祝贺竞争对手胜选，才是最体面的结局。

2020 年 11 月 7 日星期六

于哈佛广场坎布里奇市民祝贺拜登胜选游行前

特朗普与美国媒体恩怨情仇的背后

众所周知，特朗普与美国主流媒体的关系很僵，甚至到了剑拔弩张的地步。

在媒体确定拜登胜选之后，美国有线电视新闻网的主持人范·琼斯（Van Jones）甚至数度流下眼泪，他表示，这终于让身为爸爸的他能够轻松地告诉孩子“什么是正确的观念”。他哽咽着说道：“品行是很重要的，说真话是很重要的，做一个好人更加重要。”拜登将会成为美国的下一任总统，而特朗普不会。

都说美国的新闻记者是无冕之王，可如今这些无冕之王面对特朗普总统竟然委屈至斯。

看来，美国主流媒体苦特朗普久矣！

特朗普总统在 2017 年 1 月 21 日上任的第一天，就对美国媒体发起了猛烈的攻击，原因是双方当时对出席和观看就职典礼的人数预估出现了分歧。当时的白宫发言人在第一次召开的新闻发布会上，抨击媒体发布照片，对出席特朗普就职典礼的人数与当年出席奥巴马就职典礼的人数进行对比，声称特朗普的就职典礼出席率更高。而这种说法与大多数主流媒体使用的照片所表明的情况正好相反。从此之后，特朗普总统和白宫与美国主流媒体，就开始了一段长达 4 年的恩怨之旅。

特朗普总统一再攻击这些主流媒体，称它们报道的全部都是“虚假新闻”，把它们批作“美国人民的公敌”，代表着“针对其统治的真正的反对党”。

在这次大选之前，特朗普在 Twitter 上声称，“尽管我们的国家取得了诸多成就，包括创造了前所未有的就业机会，但是，虚假和不公正的媒体对我和我的总统任期的报道却出现了前所未有的恶化”。特朗普还曾在不同场合重复过同样的内容，多达数十次。

2020 年大选投票结束后总统的首次电视露面，美国全国广播公司等多家电视台中断了特朗普的讲话画面。当时，特朗普总统正在指控总统大选中存在系统性的欺诈行为，却没有提供任何证据。

双方的对立态势，已然达到了剑拔弩张的地步。

失去美国主流媒体的支持，特朗普并不担心，因为他擅长利用 Twitter 这样的社交网络平台。特朗普总统的粉丝多达 8500 万人，真正可以做到“振臂一呼，应者云集”。但是，当特朗普发布质疑选举结果的消息时，Twitter 官方却也对他提出了警告，并给这条推文添加了认为其缺乏准确性和公信力的标签。连一向挺特朗普的福克斯新闻，在确认拜登当选这件事上，表现也不比其他媒体落后，甚至有过之而无不及。

虽然敌视新闻媒体的美国总统并不只有特朗普，早年间杰斐逊和林肯都对媒体提出过严厉的批评，奥巴马也曾经对媒体有诸多不满，但我们还从来没有见过美国历史上有哪一位总统像特朗普这样，与号称拥有第四权力的美国新闻媒体的关系闹得这么僵。

说实话，特朗普总统肯定有说不出的委屈，自己以政治素人之姿上台，只拿一美元工资，如此辛苦地践行自己的竞选承诺，何苦来哉 ?! 为什么这些主流媒体就不能说几句好话? 而且，凭什么这些新闻媒体可以揪住总统讲话中的漏洞大肆抨击，而自己却可以断章取义地报道，甚至报道得不尽不实呢?

在美国，新闻媒体被誉为除行政权、立法权和司法权之外的第四权。第四权理论是由美国联邦法院大法官波特·斯图尔特（Potter Stewart）于 1974 年 11 月 2 日在耶鲁大学的一场演讲中提出的。第四权理论作为新闻自由理论的一部分，强调了新闻媒体在现代民主社会中扮演的角色，乃是作为行政权、立法权和司法权之外的第四权力组织，用来监督政府，防止政府滥用权力的。因此，第四权理论又被称为“监督功能理论”。

新闻媒体应该客观中立，报道事实真相，这也理当是新闻界的理想追求。但是，在现实中，由于种种主客观因素的限制，新闻媒体对政府的舆论监督不可能做到百分之百准确。新闻报道一旦出现错误，媒体就要承担巨额罚款，甚至接到诽谤官司，那岂不是会大大削弱其监督功能？在这个问题上，1964 年的萨利文诉《纽约时报》案，联邦最高法院的判决为新闻媒体争取了更大的权力。①

20 世纪五六十年代，美国民权运动风起云涌。1960 年，民权运动领袖马丁·路德·金等 4 名牧师联合 64 位知名民权人士，购买了《纽约时报》一整个版面进行政治宣传，为民权运动募集资金。这则广告很劲爆，不但猛烈抨击美国南方各级政府镇压民权运动的行径，而且特别谴责亚拉巴马州蒙哥马利市警方以镇压"恐怖浪潮"为由伤害非暴力示威群众的行为。可是人们后来发现，这个广告中有个别细节与事实不符。

萨利文是蒙哥马利市的民选市政专员，负责当地的警察局，虽然这则政治广告没有一处提到他的尊名，他却自己找上门来，把《纽约时报》告上法庭，控告广告中的 4 名牧师以及《纽约时报》严重损害了他作为警方首脑的名誉，犯有诽谤罪，要求 50 万美元的赔偿金。在他的带领之下，其他一些被批评的官员纷纷效仿，控告北方自由派新闻媒体，赔偿金额不断攀升。其中，《纽约时报》总计被要求赔偿达 500 万美元之巨。

这场官司最终打到了美国联邦最高法院。1964 年 3 月，美国联

① 任东来，陈伟，白雪峰 . 美国宪政历程：影响美国的 25 个司法大案 [M]. 北京：中国法制出版社，2014.

邦最高法院以 9∶0 的票选结果，一致否决了此前亚拉巴马州最高法院要求《纽约时报》进行赔偿的裁决。该案的判决书由一向以倡导公众自由、保护个人权利而闻名的大法官威廉·布伦南（William Brennan）作出。可以说，这是一份名垂青史的判决书。

这份判决书指出，要让新闻媒体保证每一条新闻报道都真实无误，是一件不可能的事情，“美国上下普遍认同的一项原则是，对于公众事务的辩论应当是毫无拘束、富有活力和广泛公开的，它可以是针对政府和公职官员的一些言辞激烈、语调尖刻，有时甚至令人极不愉快的尖锐抨击”。即便新闻报道在个别细节上面失实，有损当事官员的名誉，也不能成为压制新闻自由和言论自由的理由，仍然应该得到以捍卫言论自由为宗旨的宪法第一修正案的保护，只有这样，“言论自由才有存在所需的呼吸空间”。

自此之后，美国政府官员要想控告报纸和电视台犯有诽谤罪，必须能够证明对方怀有“真正的恶意”，这就为诉讼成功设下了天大的障碍。

当然，美国新闻界作为有自身利益诉求的一个行业，也不一定有多高的道德追求，为了扩大报刊发行量和提升广播电视的收听率、收视率，自然也是无所不用其极。特朗普总统对他们咬牙切齿，动辄示以颜色，并不是全然没有原因的。美国新闻界受宪法第一修正案的保护，享有如此特权，作出一些诽谤和伤害之事，几乎无可避免。而且，为了不惹怒投资者，新闻媒体对于自己背后金主们的黑幕，常常也不会积极进行调查。在自我监督方面，美国新闻媒体的表现也从未让人感到满意过。但总体来说，严肃媒体还是比较自律的，毕竟这得来不易的信誉还是得爱惜。

而特朗普总统选择 Twitter 治国，撇开美国的主流媒体，直接与支持者对话，也不是没有代价的。我看这最大的代价，就是总统他老人家熬夜发推文，实在伤身。

哥伦比亚大学的两位经济学学者在《经济学通讯》（*Economics Letters*）上发表了一篇论文，题目为“由晚睡时间预测特朗普总统的工作表现”（Later bedtimes predict President Trump's performance）。①

众所周知，睡眠不足会带来一系列不良影响。尤其是社交媒体的兴起，对现代人睡眠的影响越来越明显。这篇论文的作者以特朗普总统为例，把推文的发送时间作为判定个人睡眠时间的替代变量，研究睡眠时间的长短与工作表现的关系。

特朗普总统习惯每天早晨 6 点起床。自 2017 年担任总统以来，在晚上 11 点到次日凌晨 2 点这个时间段，特朗普发送推文的频率明显增加。两位作者搜索了特朗普官方账号在 2009 年至 2020 年 4 月 10 日之间发出的 36 148 条推文数据，包括发送时间、内容，以及点赞、评论和转发的数量等信息。作者把夜间 11 点到次日凌晨 2 点发送的推文称为“熬夜推文”，因为按照科学标准，11 点入睡是保障必要睡眠时间的基本时间点。此外，作者还获取了自 2017 年 1 月 24 日起特朗普总统的所有发言稿，通过文本分析，得到了特朗普在讲话稿中所

① Almond, D., Du, X.. “Later bedtimes predict president trump's performance”. *Economics Letters*, 197, 2020.

表现出来的情绪特征。

这篇文章发现，只要特朗普总统前一天晚睡，第二天发的推文获得的点赞、转发和回复数量就会明显减少。而且，熬夜后的第二天，特朗普在讲话中的高兴情绪占比明显下降，生气情绪占比明显上升。具体来说，在熬夜后的第二天，他会更加不开心，在讲话和采访中发脾气的次数增加到原来的三倍。

这项研究非常有趣，从一个侧面解释了特朗普总统为什么经常发脾气，而由于新闻媒体常常让总统不爽，正好成了总统先生的出气筒。这样想来，美国媒体这 4 年也挺冤的。

不管怎么样，在接下来特朗普总统卸任前的这两个月里，美国的新闻媒体还是祈祷特朗普先生每天都睡个好觉吧！他如果睡得好，大家也都能好过一点儿。

2020 年 11 月 17 日星期二

于波士顿公园

疯狂特朗普的理性算盘

三天前，美国总务署署长埃米莉·墨菲（Emily Murphy）正式发布信函通知拜登团队，他们可以正式展开权力交接工作。这是美国大选过后，美国联邦政府部门首次承认特朗普落选。这个消息也意味着，未来两个月拜登团队将会得到联邦资金进行权力转移，而且，拜登与贺锦丽（Kamala Harris）也将会定期收到国安简报。按照美国法律的规定，准备卸任的总统必须配合即将接任的总统，使美国平稳地进行权力交接。

特朗普总统为此发推文，强调自己是为了“国家的最大利益”，过渡工作是在自己的建议下开展的，但同时，他仍然声称将继续通过法律途径挑战选举结果。这其实相当于变相承认自己败选。在美国媒体宣布拜登胜选之后的这两周里，特朗普政府一直拒绝承认败选，这导致新旧政府的过渡程序迟迟无法展开，也引来了多方的猜测和不安。

2020 年 5 月，马萨诸塞州阿默斯特学院的法学教授劳伦斯·道格拉斯（Lawrence Douglas）出版了一本书，名字叫 *Will He Go?*（暂译“他会离开吗”）[①]，担心美国会出现一场深刻的宪政危机。这里的这个“他”（he），指的当然是特朗普总统。

这本书出版的时候，美国大选正在进行中，道格拉斯教授当然无从得知选举结果，但他预测了两种可能性。

第一种，特朗普总统很干脆地承认输掉大选，这样，他制造混乱的可能性就不会很大。

第二种，如果特朗普总统只是在几个关键的摇摆州落败，他会拒绝承认这次大选的结果，从而制造一场深刻的宪政危机，令美国的民主制度陷入危机。

很不幸，大选结果落入了第二种情况。一如道格拉斯教授预测的那样，在大选结果有了分晓的这两个多星期里，特朗普总统一直拒绝承认自己败选的事实，把连任失败归咎于民主党选票作假、投票机器有问题，以及外国势力干涉等原因。

此时，看看道格拉斯教授在这本书中的预言，我们才知道他的

① Lawrence Douglas, *Will He Go?*, Publisher: Twelve, 2020.

担心并不是多余的。“自执政以来，他总是会把选举的失败归咎于那些毫无根据的阴谋。自 2016 年共和党初选时就开始了，他当时在艾奥瓦州输给了特德·克鲁斯（Ted Cruise），马上指责后者‘偷走’了选举。虽然特朗普在当年 11 月的大选中获胜，他也从未接受自己在普选票数量上少于希拉里的事实，只是毫无根据地不断重申有三五百万人违法违规地投票给自己的竞争对手。在 2018 年中期选举时，他将一些共和党人的失败归咎于一些臆想中的选举操纵。”把道格拉斯教授的这些话与大选后特朗普总统的表现相互对照，简直看不出这本书出版于 2020 年大选之前的 5 月，还以为这是一篇这个月刚刚发表的访谈的内容。

但是，不得不说的是，道格拉斯教授对美国民主制度和宪政机制的运行的担心，还是落空了。虽然特朗普总统一开始并不接受选举结果，但形势比人强，在全美乃至全世界不断发出的指责声中，他还是低头了。

值得玩味的是，这两周多以来，对于总统的作为，共和党人几乎失去了自己的声音。

自从 5 年前特朗普总统从他的特朗普大厦的镀金扶梯上走下来，正式走上美国政治舞台，他也开始了自己对已然屹立 100 多年的美国共和党的征服之旅。这个过程得以完成，其原因既包括特朗普总统的个人魅力，也包括美国政坛的大背景和右翼的政治生态。正是特朗普总统对忠诚和顺服的绝对需要，以及睚眦必报的复仇者姿态，造就了今天共和党以领袖政治为先、噤若寒蝉的党内生态。

但特朗普总统对这个“林肯的党”所做的改造，并非一帆风顺。

正如著名的旅美政治观察家王浩岚先生所言，特朗普是在 2012 年公开质疑奥巴马的美国身份，鼓吹奥巴马实际上出生在肯尼亚，而笼络第一波粉丝的。

2015 年初夏，在共和党开始当年的初选时，党内四分五裂，竞选党内候选人的竟有 17 人之多。以政治素人之姿出现在党内初选舞台上时，特朗普并没有受到重视，他的对手大多以为，这位亿万富翁不过是来玩票的。

但是，特朗普以其“让美国再次伟大”这个简单清晰的政治纲领，以在美墨边境修墙这个独特而富有争议的政策主张，加上粗鄙而无视政治正确的语言风格，成功地吸引了大批追随者。而特朗普的党内对手，相互厮杀得筋疲力尽，最后，攫取胜利果实的却是当初谁都没在意的特朗普。等他们回过神来，联合阻止特朗普上位为时已晚。

虽然特朗普登上了总统宝座，但他与共和党党内精英之间的矛盾一直很大。2020 年总统大选中，一直是共和党铁盘的亚利桑那州之所以由红翻蓝（由支持共和党转而支持民主党），不得不说，和特朗普与 2018 年去世的该州资深参议员、2008 年总统候选人约翰·麦凯恩（John McCain）的恩怨有莫大的关联。

由于政见不合，麦凯恩是共和党内反特朗普阵营的核心人物。睚眦必报且口无遮拦的特朗普总统，在攻击这位在亚利桑那州担任 35 年参众议员的美国“战争英雄”时，称他是“好不容易从海军士官学校毕业的蠢货”，“因为被抓了所以不是战争英雄”。把麦凯恩曾经做过战俘这件事拿来说事，打人打脸、揭人揭短，特朗普如此作为，令麦凯恩及其家族成员极为气愤。在大选之前，约翰·麦凯恩的遗孀辛迪·麦凯恩（Cindy McCain）罕见地出现在民主党全党大会上，宣布支持拜登。而且，她还向《今日美国》（*USA Today*）投了一篇题为“共和党党员投票给拜登的理由”的文章，这基本上逆转了亚利桑那州的选情。

但是，随着像麦凯恩这样的人物逐渐被总统边缘化，共和党内部不同的声音越来越难以发出。这个曾经的“林肯的党”，如今已经彻底被“特朗普化”。

许多人认为，特朗普总统在大选之后，对败选结果如此难以接受，是特朗普家族失败即出局的门风所使然。还有人认为，特朗普只是一贯不靠谱、一贯疯狂罢了。对于经济学出身的我来说，这些解释都不能令人信服。特朗普总统即使表现得如此疯癫，其背后也是理性的。

特朗普总统下台之后，很可能会受到各方的起诉，这一点已经有不少媒体帮忙梳理过了。即便这些诉讼并不能伤害到他分毫，作为一名商人，他也不会做折本的买卖。现在，对于特朗普来说，被改造后的共和党将会成为他的重要政治资本。如果特朗普想在 2024 年卷土重来，或者至少是让自己这一派的力量重新掌握政权，共和党是他必须依靠的基础。

同时，对于共和党来说，特朗普已经成了他们无法摆脱的“资产”（或“负资产”）。

在这次大选中，投给拜登的8000万张选票，有些是投给民主党的，有些是投给反特朗普的，如果没有拜登，换成别人，这次民主党估计也能获胜。但投给特朗普的这7300多万张选票，很可能许多是投给特朗普这个人，而不是投给共和党的。即便“特朗普铁粉”只占一两成，对于如今共和党与民主党之间在选举时只有毫厘之差的政治现实来说，特朗普也足以威胁到整个共和党的政治生存。

这让我想起了1912年的美国总统大选。

1912年的总统大选，参与角逐的分别是新泽西州州长、民主党候选人伍德罗·威尔逊（Woodrow Wilson），时任总统、共和党候选人威廉·塔夫脱（William Taft），以及前总统、代表进步党参与竞选的西奥多·罗斯福（即老罗斯福）。最后的结果是威尔逊胜出，共和党失去了自1861年林肯总统上台以来的执政地位。而这位老罗斯福，也曾是共和党人，代表共和党出任过美国总统。他曾经是美国历史上最年轻的总统，个性独特、锐意改革，是美国进步时代的领导者之一。也正是由于他个人的这种政治影响力，当他与共和党出现意见分歧，不同意共和党内定塔夫脱作为总统候选人时，他选择脱党，新组建进步党竞选总统。正是由于这种共和党的分裂，才使得民主党候选人威尔逊最终胜出。

倘若特朗普打算走老罗斯福的旧路，共和党一旦出现类似的分裂，其政治前景就非常令人担忧了。明乎此，共和党人如今面对特朗普总统集体失声，只有早已是闲云野鹤的前总统候选人威拉德·罗姆尼（Willard Romney）这类人批评特朗普，也就不难理解了。

有了这样一层认识之后，我们再去看特朗普总统的行为，尤其是他在十多天之前参加华盛顿的“挺特朗普大游行”（据说有数十万人），以及发表各种不承认败选的言论，就可以理解了。无论是这种大游行，还是在 Twitter 上让人们看到自己对粉丝的巨大影响力，特朗普都是在完成一种理性的仪式。

2003 年，加州大学洛杉矶分校的政治学教授、博弈论专家崔时英（Chwe, Suk-Young），写了一本短小精悍的专著《理性的仪式》（*Rational Ritual*）。[①] 这本书曾得到许多名人的推荐，篇幅虽小，却意蕴宏大、洞见卓越，体现了作者深厚的学术功底。

无论是政治权威的维系，还是社会网络的连接，在崔时英看来，都涉及所谓的协调问题，就是说，每个人都只在其他人也参与其中的时候，才愿意参与某项活动。比如，也许单个的共和党人并不知道其他共和党人会不会认识到特朗普的真实影响力，不知道其他人会不会来反对他，只有其他人也反对特朗普时，他才愿意站出来表达反对。

遗憾的是，协调是否成功，却取决于一个非常困难的问题：共同认知（common knowledge）或共同知识。所谓共同认知，就是每个人都知道他人知道，而且知道他人也知道他人知道，以及知道他人也知道他人知道他人也知道……以此类推，无穷无尽。

这样说有些抽象，我拿开会举个例子。开会时，领导在台上讲话，你可能在台下开小差，你和领导之间就会出现共同认知问题。领

① ［美］崔时英．理性的仪式［M］．张慧芝，谢孝宗．台北：桂冠图书公司，2004.

导不知道你是否知道，于是，他发了个消息问你是否知道，但他不知道你是否收到，所以你回复了他，但你不确定他会不会收到你的回复……如此循环往复，你们之间的沟通将永远不会结束。如果领导是在多人之间群发短信，问题就更麻烦了，比如要确认他人是否知道你知道领导知道你知道……

从这个意义上看，特朗普总统在华盛顿挺自己的游行中露面，以及在 Twitter 上发起号召，就像一个理性的仪式。他是在向所有他想要告知的人表明，自己的重要性和不可替代性，而其他人也准确地知道了这一点，不但如此，他们还知道其他人也知道他们知道……

就这样，特朗普总统通过这种理性的仪式，解决了他与那些共和党人之间的协调问题。此时，特朗普知道共和党人知道他很重要，共和党人知道总统知道他们知道……以此类推，无穷无尽。

如此再来想想共和党人在这几周面对特朗普总统时的缄默态度，也就丝毫不感到奇怪了。

2020 年 11 月 26 日星期四（感恩节）

于哈佛燕京学社

VI

乔治·弗洛伊德之死与种族歧视

要命的种族歧视

2020 年 10 月 8 日，美国联邦司法部正式起诉耶鲁大学。起诉书指出，耶鲁大学在招生过程中对亚裔和白人存在种族歧视行为。这条新闻或许会让不少人大跌眼镜，种族歧视不一直是非裔、亚裔等少数族裔才会遇到的吗？怎么今天白人也会受到种族歧视？

美国司法部对耶鲁大学招生问题的调查，早在两年前就立案了。通过调查，司法部发现，亚裔学生和白人学生与同等条件的非裔申请者相比，被录取的可能性只有 10% ～ 25%。司法部认为，耶鲁大学的招生工作中存在种族歧视现象，违反了 1964 年的《民权法案》。司法部助理部长埃里克 · 德雷班德（Eric Dreiband）在一份声明中说：

“所有大学和学院申请人的预期都是，评判他们的标准是他们的品格、才能和成就，而不是他们的肤色。否则，我们的学府就是在助长成见、仇恨和分裂。”

除了耶鲁大学之外，面临种族歧视诉讼的还包括哈佛大学、北卡罗来纳大学教堂山分校和得克萨斯大学奥斯汀分校等。当然，与哈佛大学校方一样，耶鲁大学也一样没有理会司法部的指控。耶鲁大学校长彼得·萨洛维（Peter Salovey）表示，耶鲁大学不会因诉讼而改变其招生方式。

吊诡的是，1964 年的《民权法案》是马丁·路德·金在 20 世纪 50 年代和 60 年代的黑人民权运动中争取到的成果，没想到，今天的美国联邦司法部竟然要用这部法案来为白人争取不被歧视的权利。

1955 年 12 月 5 日，美国亚拉巴马州蒙哥马利市，一位名叫罗莎·帕克斯（Rosa Parks）的非裔美国妇女在公共汽车上拒绝给白人让座，因而被蒙哥马利市的警员以违反公交种族隔离条例为由逮捕。当时年轻的马丁·路德·金立即组织了蒙哥马利巴士抵制运动，号召全市近 5 万名非裔美国人对这部条例进行抵制。巴士抵制运动持续了整整一年，1956 年 12 月，美国联邦最高法院宣布亚拉巴马州的种族隔离法律违反宪法，蒙哥马利市的种族隔离条例也被废除。马丁·路德·金因其领导地位而名声大噪，成为民权运动领袖。直到今天，我们的耳边仍然时常会回响起他那篇著名演讲——《我有一个梦想》，其中那句“我梦想有一天，我的四个孩子将在一个不以他们的肤色，而以他们的品格优劣来评价他们的国度里生活”，最是让人动容。

正是在这样的历史背景下，美国通过了 1964 年的《民权法案》。这是美国在民权和劳动法上的标志性立法进程，它宣布了因种族、肤色、宗教信仰、性别或来源国而采取的歧视性行为为非法。但这项法案真正的推动者，其实是肯尼迪总统。1963 年春，美国国内各种族之间的紧张气氛升温，非裔美国人的暴动越来越多，南方州的示威和游行活动数量也开始上升。

1963 年 6 月 11 日，肯尼迪总统发表了一次讲话，首次谈及 1964 年《民权法案》的提案问题。同年 6 月，亚拉巴马州州长乔治·华莱士（Geogre Wallace）拒绝两名非裔美国人学生进入亚拉巴马州立大学就读，在对联邦国民卫队实施联邦控制的情况下，非裔美国人学生才得以平安地入校就读。肯尼迪总统抓住机会，及时明确表达了自己的立场，他在这次演讲中说："作为一个国家和民族，我们面临着道德的危机。我们不能用压制性的警察行为加以解决；我们不能把它遗留下来，导致大街上的示威游行不断增多；这些纷争仅用象征性的行动和讲话是无法平息的。现在是在国会、在你的州和地方立法机构里，更重要的，是在所有人的日常生活中采取行动的时候了。"

在发表这次演讲之前，民主党的肯尼迪总统与共和党的几位领袖就这项提案进行商议，并很快向国会提交了这项提案。众议院司法委员会就此组织了多次听证会，并增加了相关条款，授予司法部部长为保护被剥夺由美国宪法和法律所赋予的权利的个体而提起诉讼的权力。民权运动组织积极推动了这些条款的落实，但该项提案在参议院还是受到了阻挠，难以通过。

1963 年 11 月 22 日，肯尼迪总统遇刺，这导致局势发生了改变。新总统林登·约翰逊（Lynden Johnson）利用他在司法政治中的经验对肯尼迪的议案表示支持。在 11 月 27 日举行的国会联席会议中，约翰逊提出，没有任何悼词可以比通过肯尼迪的议案更能表示对他的敬意。经过约翰逊总统艰苦卓绝的努力,《民权法案》最终在国会以参议院 73 : 27、众议院 289 : 126 的票数之比通过。1964 年 7 月 2 日，约翰逊总统在白宫签字，这项法案正式生效。

许多美国历史学家和社会学家把这次民权运动称为 20 世纪美国最重要的历史事件，1955 年开始于蒙哥马利的运动最终改善了美国成千上万个社区内的种族关系。20 世纪 60 年代早期，这一运动居然把民权问题置于美国国家政治生活的中心。它最伟大的成就在于：利用联邦宪法驳倒了原来“合法”的种族隔离政策，并为非裔美国人争得了个人自由。1964 年的《民权法案》和 1965 年的《选举权法案》，应当说是美国内战以来黑人民权运动历史上最具意义的两大法案。

民权运动虽然在其高潮阶段取得了重要成果，但是，美国社会最根本的深层结构问题并未得到解决。民权运动的发展，最终要求把宪法赋予的平等权利赋予全体美国人。这就要求民权运动在更深层面挑战广泛贫困和制度化种族主义（institutional racism），最终改造美国的社会结构。1967 年，马丁·路德·金清楚地表达了他视野更为宽广和态度更为激进的观点，即把反对种族不公正的斗争与反对美国社会其他弊病的斗争结合起来。他指出：“黑色革命将把深深植根于美国社会整体结构中的罪恶暴露在光天化日之下。”虽然马丁·路德·金于1968年遭到暗杀，但民权运动仍然取得了很大进步。

不过，现在也有不少人认为，目前反对种族歧视的氛围似乎有点过头了，比如美国常春藤名校的录取名单中必须有一定比例的非裔美国人，在美国中产阶级趋之若鹜的医学院申请中，这种种族比例的限制更是令不少人认为非裔美国人受到了过分保护，反种族歧视似乎走过了头。这就出现了本文开头美国联邦司法部起诉耶鲁大学这样的事件。

种族歧视问题并没有因为民权运动的发展而得到解决，至今，它仍然是横亘在美国心头的一根刺。2020年5月25日，美国明尼苏达州明尼阿波利斯市，非裔美国人乔治·弗洛伊德被白人警察德里克·肖万逮捕，肖万单膝跪压弗洛伊德脖颈部超过8分钟，最终导致弗洛伊德死亡。一名旁观者用手机录下了视频，并上传到社交媒体Facebook上，随后迅速传播开来。事件爆发后，全美30多个州举行了一系列抗议示威活动。当时，我访学所在的波士顿地区也发生了类似的抗议示威活动。街道上到处可见抗议的示威者，空中警察的直升机一直在盘旋，这场冲突为本来就因新型冠状病毒肺炎疫情而备受打击的美国社会投下了更为浓重的阴影。

在美国，与乔治·弗洛伊德之死类似的悲剧，早已是屡见不鲜。就在6年前的2014年8月9日，美国密苏里州圣路易斯县弗格森地区，18岁的非裔美国人迈克尔·布朗（Michael Brown）在未携带武器的情况下，遭到28岁的白人警员达伦·威尔逊（Darren Wilson）射杀。布朗并未携带武器，而且没有任何犯罪记录，在被射杀前他仅与警员接触不到 3 分钟。当地警方认为布朗涉及一起抢劫案，但与弗洛伊德被怀疑使用假钞一样，警方都没有确凿的证据。迈克尔·布朗命案发生之后，同样引发了连续多日的抗议活动，也一样出现了暴乱，最后警方派出大量警员、装甲车，并使用了催泪瓦斯和橡皮子弹试图平息骚乱。

历史总是惊人地相似，两起命案以及之后引起的社会抗议与部分地区的骚乱，乃至警方的反应，都如出一辙。可以说，种族问题是美国社会的痼疾。

在谴责这些惨案中美国警方的恶劣行径时，我们也不能忽视，非裔美国人的犯罪率普遍高于其他族裔，而且其经济表现也最糟糕。我在美国与人谈及非裔美国人的处境时，大多数人都会摇头叹息，哀其不幸、怒其不争。

非裔美国人历史上的悲惨遭遇、糟糕的教育状况，以及经济表现上的普遍不如人意，令人在对这个族裔产生同情的同时，也唯恐避之不及。虽然美国政府在保护非裔美国人以及其他少数族裔方面也做了不少努力，但效果一直不佳。人们认为，美国警察的行为是种族歧视的体现。而非裔美国人在这种情况下，又多以暴动的形式来反抗，就像这次的弗洛伊德事件引发的骚乱一样。这样一来，就连没有种族偏见的警察们也不得不对他们严格执法，这又推高了非裔美国人的犯罪率，把美国的种族歧视问题推向一个死循环。

也许，化解这些种族隔阂和仇怨的解药，只有时间。我在哈佛大学的课堂上看到，各个族裔的年轻人都已经不再抱持先辈那样的种族观念，平等的意识已在他们的观念中扎根。也许，关于平等的教育理念，是美国社会在以另外一种方式消融横亘在种族之间的隔阂冰川吧。

2020 年 10 月 11 日星期日

于麻省理工学院学生活动中心外广场

美国种族歧视问题的经济根源

2020 年 10 月 15 日的美国总统大选的第二场候选人公开辩论，因为特朗普感染新型冠状病毒，总统辩论委员会提议在线进行，但这一提议遭到了特朗普的拒绝。因此，人们预期在这次辩论中，辩论双方会就美国种族歧视问题，尤其是上半年因乔治·弗洛伊德之死而引发的“Black Lives Matters”运动，以及之后发生在多个民主党主政的州的骚乱问题，进行充分的讨论，就无法实现了。

美利坚民族的形成，可以称得上整个人类历史的一大奇观。自从哥伦布发现新大陆以来，大约有四五千万人越洋过海，从世界各个大洲来到美国。这些新大陆的新主人，操着各种语言，代表着世界各个民族、各种肤色和宗教，使美国真正成为民族的大熔炉。也许，能够与美国这几百年民族大融合相比肩的时代，只有中国历史上的两晋南北朝时期了。

美国各个种族的社群，规模不可谓不大。如今，美国的爱尔兰人比爱尔兰的爱尔兰人还要多，犹太人比以色列的犹太人还要多，而非裔美国人的数目也超过了大部分非洲国家的人口。规模如此之大的各个种族，自然构成了独具生命力的各个文化群落。这些文化群落，既不是美国主流文化的翻版，也不是原有文化的海外分支。使用“少数族裔”这个词，是很难充分描绘美国社会的这些巨大种族社群的，因为没有谁不属于少数族裔。英裔美国人算是美国最大的单一种族了，他们只占美国人口的 15%，比占 13% 的德裔美国人和占 12% 的非裔美国人实在多不了多少。由于世代混居，许多美国人甚至已经说不清自己到底属于哪一个种族了。

在美国，几乎所有的族裔都曾受到过某种程度的歧视。波士顿有许多爱尔兰裔美国人，波士顿的市长多年来都由爱尔兰裔美国人担任。事实上，爱尔兰裔美国人在美国政界一直都是一支不可忽视的重要力量。但在 19 世纪 40 年代和 50 年代，因为爱尔兰本国出现饥荒，人们大规模移居美国时，爱尔兰人因为贫穷而不得不挤在质量最差的住房里，他们的营养状况比南方的非裔美国人还要差很多。在这样的生活条件下，疾病很容易传播扩散，火灾也经常发生。在他们居住的地方，暴力、酗酒和犯罪等社会问题也层出不穷。当时，波士顿许多门店都贴有“本店概不雇用爱尔兰人”的告示。爱尔兰人好不容易找到的工作，多半是非常吃力、卑微、肮脏或危险的工作。

在这样的环境下，你如果穿越回 19 世纪，根本找不到一个头发花白的上年纪的爱尔兰人，因为他们普遍短寿，平均年龄是 40 岁。爱尔兰人是在经历了几代人的痛苦过程之后，才慢慢赶上来的。他们在政治方面尤其有着优长的才干，逐渐掌握了波士顿、纽约和其他大城市的政治“机器”。我曾到波士顿市区约翰·肯尼迪总统的故居参观，这才发现，原来大名鼎鼎的肯尼迪家族就是爱尔兰移民的后裔。

再比如说移民到美国的犹太人，他们并不是来自哪一个国家，因为他们没有自己的国家。他们从英国、葡萄牙、德国、意大利以及俄罗斯等国来到新大陆。当大批犹太移民涌入曼哈顿东南部时，这个地区成了全球最拥挤的社区之一。当地政府曾打算作出规定，要求每个新来的移民身上必须有 25 美元的现钞方可进入美国，这个消息立刻引起了这个地区犹太人的惊慌和愤怒。由此可见，当时许多犹太移民的经济状况是何等的窘迫。移民一代的犹太人一般都通过从事各种体力劳动谋生，打打零工，站在马路边等人雇用。他们同样受尽了盘剥和歧视。

在美国著名知识分子托马斯·索威尔（Thomas Sowell）的《美国种族简史》中[①]，我们可以看到，美国社会真是一件种族的百衲衣，而几乎每一个种族都曾在某一段时期受到过种族歧视。华人甚至遭到过比大多数其他种族更为严重的歧视，而犹太人的突出成就恰恰是在

① ［美］托马斯·索威尔．美国种族简史［M］．沈宗美，译．北京：中信出版社，2011.

几百年来的反犹太主义的浪潮之中获得的。与其说种族歧视是造成各个种族经济状况差别的原因，倒不如说是这种经济状况的结果。那些曾经受到歧视的种族，如今收入状况差别相当之大。当年受歧视最严重的亚裔美国人，已经成为平均收入水平超过白人的族裔，而这些亚裔美国人当年所遭受的歧视，甚至比非裔美国人还要严重。

许多人，尤其是民主党人，在谈到今天非裔美国人的生活处境艰难时，总是把这种境遇归咎于美国社会对非裔美国人的种族歧视，主张经济平权。这其实是一种非常偷懒的认知，其给出的经济药方也是根本不对症的。

如果说非裔美国人的收入偏低是因为种族歧视，那么，当年被美国社会歧视得更加厉害、物质生活条件尚且不如同时代非裔美国人的爱尔兰人和华人，为什么能够后来居上，在政治或经济上取得不俗的成绩呢？在《排华法案》颁布之后，华人受到了空前的歧视和打压，他们甚至在美国贷不到一分钱的贷款。但是，华人的家族意识、教育理念、节俭的生活方式，使他们不仅生存了下来，还逐渐创造了更好的生活条件。汤亭亭（Maxine Kingston）的小说《女勇士》[①]，写的就是她们那一代华裔在美国努力打拼的故事。而反观非裔美国人，却一直没有办法走出贫穷的怪圈。

人们认为，基于历史、文化、价值观等原因，白人雇主可能不喜欢雇用非裔美国人，白人员工也可能讨厌和非裔美国人一起工作，

---

① ［美］汤亭亭 . 女勇士 [M]. 李剑波，陆承毅，译 . 桂林：漓江出版社，1998.

因为有这样的就业歧视，所以非裔美国人只能接受更低的工资和更差的工作岗位。但这种基于偏好的歧视理论，无法解释像华人、犹太人、爱尔兰人这样的族裔为什么能摆脱成见、摆脱贫穷。

1973 年，斯坦福大学的经济学教授、1972 年诺贝尔经济学奖得主肯尼斯·阿罗提出，不能全盘接受这种基于偏见的歧视理论。在这种理论中，经济效益更好的企业将会取代经济效益较差的企业，某些白人雇主如果雇用工资较低的非裔美国人劳动者，就可能取得更好的经济效益。按照这个逻辑，市场竞争就会消除种族歧视。但阿罗注意到，这一点并不符合我们的观察。而且，认为大型企业也具有这种“口味上的偏好”实在有些想当然。因此，阿罗教授在 1973 年提出了“基于统计的歧视”理论。①

“基于统计的歧视”是什么意思呢？我们举个例子，假如一个社会中有 1% 的人会犯罪，同时我们又知道，99% 的犯罪分子都文身，普通人当中文身者的比例只有 1%。那么，当你走在一条荒僻的山道上，迎面看到一个人向你走过来，你认为他是犯罪分子的概率是多少呢？当然只有 1%。但是，当此人再走近一点，露出身上的文身时，这个时候你预计他是犯罪分子的概率又有多大呢？ 50%！

为什么你看到文身后认为他是犯罪分子的概率一下子提高了这

① Arrow, Kenneth, J. “The Theory of Discrimination,” in Orley Ashenfelter and Albert Rees, eds., *Discrimination in labor markets*. Princeton, NJ: Princeton University Press, 1973, pp. 3–33。其实在阿罗之前，著名经济学家艾德蒙·菲尔普斯就已经提出过这种观点，但流传不广，后世学者引用较少。Phelps, Edmund S. “The Statistical Theory of Racism and Sexism.” *American Economic Review*, September 1972, 62(4), pp. 659–61。

么多呢？这是一个名叫“贝叶斯法则”的统计学规律告诉我们的结果。我们先来看，既是犯罪分子又有文身的人占这个社会人口的比例是多少呢？ 1% × 99%=0.99%！ 也就是说，一个人既有文身又是犯罪分子的概率只有 0.99%。现在你观察到了这个人有文身，那么这个社会中有文身的人占全部人口的比例是多少呢？ 1% × 99%+99% × 1%=（0.99+0.99）%=1.98%，也就是说，它等于犯罪分子中文身者占社会人口的比例，加上非犯罪分子中文身者占社会人口的比例，两者之和就是社会中有文身的人所占全部人口的比例。这样一来，这个社会中文身的人数占总人数的比例就是 1.98%。那么，文身的人是犯罪分子的概率是多少呢？是 0.99% ÷ 1.98%=50%。如此一来，如果你认为一个人是犯罪分子的概率有 50%，想来避而远之应该是一个合理的选择。

阿罗认为，因为实际工作能力很难判断，或者是判断起来成本不菲，所以，即使白人雇主对非裔美国人没有什么特殊的偏好，但如果非裔美国人的平均工作能力不及白人，造成的结果仍然是非裔美国人得不到雇用，即便两者看起来条件差不多。

因此，民主党人把非裔美国人今天的收入状况完全归结为种族歧视，一定是不能令人信服的。事实上，我们或许应该对非裔美国人到底缺乏哪些使他们走向富裕的要素更多一层认识才行。

就我的观察，我认为非裔美国人整体上之所以没有取得其他同时期到达美国的族裔所取得的成就，其原因主要有三点。

第一，美国所有的这些移民当中，只有非裔美国人是被迫而非主动过来的。长期的黑奴贸易割裂了到达新大陆的非裔美国人之间的家庭纽带和社会联系，他们变得极为孤立和无助。这种缺乏家庭或家族支持的文化积淀，使得他们很难获得应有的社会资本及代际的人力资本传承。此外，非洲大陆上的人其实是分属于各种部落群体的，他们之间的差别，要比日本人、韩国人或其他亚洲人群之间的差别还要大，也就是说，他们没有一个共享的文化背景作为支撑。

第二，长期以来，黑奴作为奴隶主的财产，其婚姻家庭是极不稳定的，因此，为家庭的长远发展而进行储蓄和投资，是许多非裔美国人家庭不具备的理念。得过且过，有钱就花，这样多年形成的生活习惯，也使得他们很难像其他族裔那样存下钱来，用于孩子们未来的投资。

第三，整个族裔固有的形象，会造成前面提到的“统计性歧视”，形成人们对某个种族的刻板印象。这对于个体的发展而言的确也是一种阻碍，至少会带来一定的负担。

所以，我认为，种族歧视其实不过是经济问题的外在体现。看起来似乎是种族歧视，但深究其背后的原因我们就会发现，这其中往往有许多可以解释的经济原因。

2020 年 10 月 15 日星期四

于马萨诸塞州坎布里奇寓所

美国警察执法到底有没有种族歧视

当我问出这个问题时，我的许多朋友都感到很惊讶："连乔治·弗洛伊德这样的事情都已经发生了，你还认为执法上不存在种族歧视?"

今天，我和朋友去 Costco 超市购物，付完款出门的时候，有一个非裔美国人妇女被拦住了，因为她口袋里装了偷来的东西。她的两个孩子就在旁边，我登时一股同情之意油然而生。唉，这个母亲大概也是实在没有钱才会去偷的。

我发现，超市门口那位检查我们是否偷东西的工作人员，很少查白人和亚裔，或者说查到我们的时候没有那么严格，稍微扫上一眼就会放行。查到非裔美国人的时候，他们就会严格得多。但是，如果你认为这些工作人员是在搞种族歧视，我是很难认同的。这些工作人员都和善可亲，我看不出他们有任何种族歧视的意思。之所以更多地查非裔美国人，原因或许就是之前我们提到过的“统计性歧视”，因为非裔美国人更有可能在超市偷东西，这只是一个事实。

这让我想起许多年前发生在美国马里兰州的另外一个对警察执法存在种族歧视的指控。

在美国，非裔美国人在驾车时更容易受到警察针对毒品和其他违禁品进行的搜查。在美国马里兰州的高速公路上，州警察对过往车辆进行毒品和违禁品搜查，搜查对象中 63% 是非裔美国人，但在这条高速公路上开车的非裔美国人只占总人数的 18%。那么，警察会拦车盘查，是不是因为非裔美国人和白人的驾驶习惯不同呢？有关交通违法行为方面的研究并未发现这两个群体之间有什么根本的差别，所以，我们可以断定，警察不是因为非裔美国人更容易违反交通规则而对他们进行拦车盘查的。

对此，还有另外一种解释，那就是像某些人权组织所批判的那样：马里兰州的警察在执法时存在着种族歧视。这种解释被称为“种族脸谱化”（Racial Profiling），指的是执法机关在判断某一特定类型的犯罪或违法行为的嫌疑人身份时，将种族因素列入考虑范围，进而在破案过程中更多地怀疑某一种族个体的作案嫌疑。自 20 世纪末以来，因担心执法机关可能会滥用职权，这种做法在美国受到了公众的非议。但也有人认为，警察在确定嫌疑人身份时考量包括种族在内的多种因素，是经过实践检验的、常用的有效措施，刻意把种族因素排除在外是没有道理的。大家众说纷纭，始终难以达成一致。

如果我们把犯罪行为看成一个包括种族和其他可以观察到的因素在内的函数，然后对搜集到的数据进行统计分析，若是发现种族这个变量没有什么解释力，也就是说，没有发现种族对犯罪行为有什么显著的影响，然后据此认为不应该采纳“种族脸谱化”；或者，若是发现种族这个变量对犯罪行为有显著的影响，然后据此认为应该采纳“种族脸谱化”。这样的做法是否可取呢？

不得不说，这样的做法是有问题的。因为它需要收集警察决定是否盘查过往车辆时的所有考量因素，这肯定是做不到的，最大的问题是你根本不可能完全搞清楚警察到底是怎么想的。如果数据没有反映出某些考量因素，那么，就遗漏了真正重要的因素。也就是说，真正使警察更多地拦车盘查非裔美国人的是这些遗漏的因素，而由于这些因素与种族高度相关，这样就会让你得出警察的选择性执法是种族歧视的表现。但其实，警察采用种族这个标准进行拦车盘查，可能是一种统计性歧视，而非种族主义歧视。

统计性歧视是警察提高办案效率的一种有效手段，但种族主义则无视于此，是赤裸裸的种族歧视。我们来做个思想实验，假如你是一个警察，接到任务到一个高速路口对过往车辆进行盘查。查获车辆中携带的毒品和其他违禁品，是你的职责所在。根据过去的经验，你和你的同事很清楚，非裔美国人的车里藏有毒品和其他违禁品的概率是 60%，而白人中这个概率只有 20%。也就是说，你检查 5 辆非裔美国人驾驶的汽车，会发现有 3 辆携带有毒品和其他违禁品，而如果拦下 5 辆白人的汽车，会发现只有 1 辆携带有毒品和其他违禁品。你们的时间和精力都是有限的，因此，如何把警力用在最有效的盘查上，你大概会有自己的选择了。此时的你很可能只想检查那些特别可疑的白人车辆，而对非裔美国人的车辆可能稍微有些怀疑就开始拦车盘查了，很显然，是统计性的经验让你理性地选择了更多地检查非裔美国人驾驶的汽车，而不关种族歧视什么事。如果是这样的话，现在你对“种族脸谱化”的执法政策或许就没有那么反感了吧？

问题在于，我们如何才能区分作为有效执法手段的统计性歧视和赤裸裸的种族歧视呢？

经济学家约翰·诺尔斯（John Knowles）等人在 2001 年提出了一种新的检验方法[①]，这种检验方法有一个非常好的地方在于，它不要求我们搜集到的数据包含警察所考量的全部因素，只需要包含一部分变量就可以进行检验，并能分辨出统计性歧视和种族歧视。

我们还用刚才那个思想实验来说明诺尔斯等人的这个新的检验方法。首先，诺尔斯假定，你和每一个警察都希望尽可能多地查获毒品和其他违禁品，同时尽可能最小化盘查车辆的成本。也就是说，你和你的同事希望盘查最少的车辆，同时又查获最多的毒品和其他违禁品。其次，假设王二是毒贩首领，他找人开车帮他带货。作为毒贩首领，他当然希望自己的货被查到的概率最小化。在知道警察会更多地

---

① Knowles, John; Persico, Nicola and Todd, Petra. “Racial Bias in Motor Vehicle Searches: Theory and Evidence.” *Journal of Political Economy*, 109(1), pp. 203–29.

盘查非裔美国人所开的车辆后，王二会更多地找白人带货还是找非裔美国人带货呢？王二可不傻，他当然会更多地找白人，因为此时白人被查的概率小。过了一段时间，你和你的同事发现，像原来那样更多地查非裔美国人的车收获没有那么大了，但查白人的车查获毒品和其他违禁品的概率激增。于是，你和你的同事会根据情况进行调整，也开始更多地盘查白人的车。接着，王二再次更改自己的策略，调整送货小弟中的白人和非裔美国人的比例。经过一轮又一轮的博弈，终于，你们双方达到了一个均衡状态。也就是说，此时，你和你的同事无论查白人的车，还是查非裔美国人的车，查获毒品和其他违禁品的概率应该是一样的。如果不一样，比如盘查非裔美国人的车所获更大，你们就会更多地查非裔美国人的车，王二就仍然会调整他的送货小弟中的非裔美国人的比例，这就不是均衡了。

好，故事到了这里，我们总结一下。根据诺尔斯等人的假设，警察和毒贩通过“躲猫猫”，相互调整查车和带货中非裔美国人和白人的比例，最后摸索出了一个均衡结果，在这个结果中，双方都按照固定的比例查车和带货，单方面都不再有改变这一比例的动机。而且，这个比例并不一定是1∶1，它可以是任意的比例，但一旦形成了这个比例，双方就会按照这个均衡比例行事，没有任何一方有偏离的动机。

诺尔斯等人推论称，在双方达到均衡状态时，警察盘查非裔美国人所开的车辆和盘查白人所开的车辆，收益应该一样，因为如果不一样，他们就会更多地盘查能带来更多收益的那个群体所开的车辆。有了这个推论，剩下的事情就非常简单了，我们只需要拿数据验证一下，看看情况是不是真像他们推导的那样。如果警察仅仅是基于统计性歧视执法，那么，他们更多地盘查非裔美国人的车辆，更少地盘查白人的车辆，其实是均衡状态中的比例使然，因此，检查两种车辆所得到的收益应该是一样的。也就是说，两个人群的车辆的查获率应该相同。而如果是种族歧视在作怪，那就应该是无论收益多低都坚持检查非裔美国人的车辆，在这种情况下，警察盘查非裔美国人的车辆所得到的查获率应该更低才对。诺尔斯等人所采用的美国马里兰州警局的高速公路盘查数据表明，虽然对非裔美国人驾驶的车辆盘查的概率更高，但查获率与盘查白人车辆所得到的查获率基本一致，至此，我们就不能认定马里兰警方在非裔美国人和白人车辆盘查比例上的不同是种族歧视使然，因为证据并不支持这一点。他们之所以选择马里兰州的数据，也是因为当时马里兰州警局被质疑在执法中奉行种族歧视，受到了很大的非议。

马里兰州警察的例子，与我讲到的 Costco 超市工作人员更多地检查非裔美国人的情况是一样的。这些例子再次说明，警察之所以有选择地执法，本身并不一定是赤裸裸的种族歧视使然，其背后反映出来的，乃是更为深刻的社会经济因素。

只不过，美国警察在种族问题上被推到了最前面，他们成了美国更为深重的社会经济矛盾的替罪羔羊。

2020 年 10 月 16 日星期五

于马萨诸塞州坎布里奇寓所

在美国，非裔美国人是不是更容易被判处死刑

2019年7月25日，美国司法部发出正式命令，宣布将于12月9日连续处决5名联邦死刑犯，这是美国政府距离上一次执行死刑（2003年）以来首度重启“联邦死刑”命令，结果却引起了人权组织和在野党的强烈批评。如今，美国已有17个州废除了死刑，还有33个州保留了死刑。2018年美国共处死了25名死刑犯，都是在这些保留死刑的州执行的。

在美国，人们之所以反对死刑，其中一个理由，就是他们认为死刑判决中存在种族歧视，也就是少数族裔更容易被判处死刑。人权组织指出，在美国，被判处死刑的非裔美国人所占的比例远超他们

占全国人口的比例，非裔美国人只占美国总人口的 12%，被判处死刑的非裔美国人比例却高达 40%。但是，人权组织的这个指控并不能说明，在死刑判决上，美国法院真的存在种族歧视。原因很简单，如果非裔美国人犯下重罪的比例本身就很高的话，那么，法院秉公执法，自然就会更多地判处非裔美国人死刑。人权组织以此来反对死刑，是找错了理由。

那么，美国法院在死刑判决上是否存在种族歧视问题呢？哈佛大学经济系著名的经济学家、前系主任阿尔贝托·阿莱西那（Alberto Alesina）曾就这个问题开展过一个非常有名的研究。①

阿莱西那教授的研究领域极为广泛，不仅对政治商业周期理论、财政政策和预算赤字等宏观经济学议题有着精深的研究，还开创了实证政治经济学这个新的研究领域。他是意大利之光，2006 年入选美国文理学院院士，假以时日，问鼎诺贝尔经济学奖应该不成问题。让人悲伤的是，2020 年 5 月 23 日，阿莱西那和太太出门跑步，突发心脏病抢救无效，于当日去世，享年 63 岁。阿莱西那去世的时候，我和朋友特地去哈佛大学经济系所在的立陶沃尔大楼前寄托哀思，想起春天还参加过阿莱西那教授的研讨班，真是如在梦中。大师离去，天不假年，悲哉！

阿莱西那和他的合作者在由诺尔斯等人开创、后经安瓦尔（Anwar）和方汉明（Hanming Fang）改进的模型基础上，构造了一

---

① Alesina, Alberto, Eliana La Ferrara. "A Test of Racial Bias in Capital Sentencing". *American Economic Review*, 104(11): 3397–3433.

个自己的模型。在这个模型中，阿莱西那等人假设地方法院会追求判决错误出现的概率最小化。那么，怎么来定义死刑判决是否出现错误呢？判断依据是地方法院的判决是否会被高一级法院驳回。在美国，被判处死刑的案件会自动上诉到州高级法院复核，如果州高级法院认为一审判决存在错误，就会驳回重审。而且，死刑犯在州内上诉失败后，还可以根据美国宪法中的“人身保护权”（habeas corpus）上诉到联邦最高法院，死刑上诉一般都会抵达美国联邦最高法院。有了法院追求判决错误出现概率最小化这个基本假设之后，阿莱西那等人发展出了一种对死刑判决中是否存在种族歧视的检验方法。根据这种检验方法，即便我们观察不到法院在进行死刑判决时会考虑的全部因素，只要整个司法过程是公正无偏的，那么，从事后看，我们就不应该在某些嫌疑人和被害人的不同种族组合上观察到不同的判决错误出现概率。我们可以把这些组合分成以下几种情况：

杀人嫌疑犯为白人，被害人也为白人；

杀人嫌疑犯为非裔美国人，被害人也为非裔美国人；

杀人嫌疑犯为白人，被害人为非裔美国人；

杀人嫌疑犯为非裔美国人，被害人为白人。

如果当地法院在判决时没有种族歧视，那么，第 1 组出现判决错误的概率与第 3 组应该是一样的，同理，第 2 组出现判决错误的概率与第 4 组也应该是一样的。如果数据分析得到的结果发现它们并不一致，那就可以说明死刑判决中很可能存在种族歧视。虽然作者建立的模型非常复杂，但总结起来并不难理解，与诺尔斯等人的文章在基本精神上是一致的，这也是目前做歧视研究的人都会宗奉的一种方法。值得一提的是，阿莱西那等人的模型考虑了不同案件之间不同种族的嫌疑人在犯罪倾向、获得法律援助的能力以及其他不可观察的因素上的差别，从而使这一方法更加适用于识别死刑案件中的种族歧视。

对于阿莱西那等人来说，接下来的数据搜集工作也很值得一提。他们搜集了 1973—1995 年发生的全部死刑判决，并对其中的杀人嫌疑犯和被害人的种族特征进行了逐个查询。尤其是在匹配种族特征上，他们下了非常大的功夫，一个案件接一个案件地去查找，着实不易。在阿莱西那等人搜集的数据集中，上诉案件里的杀人嫌疑犯中白人占 51%，非裔美国人占 41%。另外，有 78% 的案件涉及至少 1 名白人被害人，有 17% 的案件涉及至少 1 名非裔美籍被害人。

接下来的工作就是应用阿莱西那等人发展出来的种族歧视检验方法来分析这些数据了。在最后上诉到美国联邦最高法院的死刑案件中，在杀人嫌疑犯为少数族裔时，如果被害人是白人，判决错误率是 37.6%，如果被害人是少数族裔，这个数字就下降到 28.4%，而且这个结论在统计上非常显著。这也就是说，如果犯罪嫌疑人是少数族裔，而被害人是白人的话，地方法院更容易判得过重。上诉到州高级法院这个层面，在杀人嫌疑犯为少数族裔时，如果被害人是白人，判决错误率是 37.7%，如果被害人是少数族裔，这个数字就下降到 34.7%，这个差距虽然变小了，但在统计上也是显著的。这些结论可以表明，在 1973—1995 年，美国地方法院的死刑判决很可能是存在种族歧视的。有意思的是，当作者分地区进行数据分析时，发现这些结论几乎都是通过美国南部各州的案件所得出的，如果拿掉美国南部各州的数据，上述结论就不再成立了。

此外，阿莱西那等人的分析结论还依赖于他们所做的若干重要假设。第一个假设是，他们认为州高等法院和联邦最高法院是不存在种族歧视的，如果这些法院也存在种族歧视，那么作者的结论就需要修改，但基本上可以断定的是，上一级法院在种族歧视程度上很可能比地方法院或下一级法院有所减轻，因此，他们定性的基本结论仍然成立，只是在数字上可能会变得更小些罢了。第二个假设是，给定杀人嫌疑犯的种族这一条件，这些杀人案件的特征或者证据的有力程度等不可观察到的变量不会呈现出系统性的差别。为了评判这些假设是否成立，他们也抽丝剥茧地做了很多工作，以便尽可能地使分析结论更为坚实地得到确立。

有关种族歧视的议题在经济学中一直很受重视，相关研究始终没有停止。我刚到哈佛大学访问的时候，有一位经济系毕业的华人学者（Crystal S. Yang）获得了哈佛大学法学院的教授之职，系里对她升等成功表示祝贺。这位杨教授 2018 年曾发表过一篇著名的论文，研究的是法院的保释决策中是否存在种族歧视问题。她那篇文章的基本思路仍然是沿着诺尔斯以及阿莱西那等人的工作继续完善的。

种族歧视是劳动经济学、社会经济学及法律经济学中的重要议题。哈佛大学经济系给博士生开设的劳动经济学课程，总时长为

10～11 周，其中有 2 周专门讨论歧视研究，可见这一议题多么受重视！经济学界关注种族歧视问题，既说明了这个问题在美国这样的移民大熔炉国家的重要性，也说明了这个问题在学术上的挑战性。不管怎么说，美国这些优秀的经济学家的工作为我们认清真相，认真思考可能有效的社会治理方式提供了坚实的理论和实证基础，值得为他们的工作点上一个大大的赞！

2020 年 10 月 19 日星期一

于马萨诸塞州坎布里奇寓所

V ／

意识形态之争与美国的政治经济

改变美国命运的大法官之死

2020 年 9 月 18 日，与癌症搏斗多年的 87 岁高龄的美国联邦最高法院大法官金斯伯格去世了。这位大法官由时任美国总统比尔·克林顿提名，于 1993 年 8 月 10 日宣誓就职。她是美国联邦最高法院的第二位女性大法官，也是现在的九位大法官中的四位自由派法官之一。

金斯伯格大法官曾就读于我现在访学的哈佛大学法学院。1956 年秋天，毕业于康奈尔大学的金斯伯格来到哈佛大学法学院学习，是当时 500 名学生中仅有的 9 位女生之一，她还曾担任过《哈佛法律评论》（*Harvard Law Review*）的编辑。在这里，金斯伯格遇到了自己的丈夫，同系的同学马丁·金斯伯格（Martin Ginsburg），二人结婚并生育了孩子，但不久她的丈夫被查出患了睾丸癌。上学期间的金斯伯格非常不容易，她不但要抚养孩子，还要照顾生病的丈夫，殊为艰辛。然而，这些还只是她人生中诸多不幸的一部分，她的丈夫马丁于 2010 年因癌症去世，而她也曾两次罹患癌症，并最终因胰腺癌去世。在哈佛大学法学院读书的最后一年，金斯伯格随家人搬到了纽约，转学到哥伦比亚法学院完成学业，并在班里取得了最佳成绩。尽管如此，由于是女性的缘故，她在寻找工作的道路上仍然遇到了诸多阻碍，这也为她日后争取女性平权而斗争的律师生涯埋下了伏笔。

2011 年，哈佛大学授予金斯伯格女士荣誉博士学位，这是这所大学最高的学术荣誉之一。当年和她一同获得这项殊荣的，还有世界著名男高音歌唱家多明戈（Domingo）、万维网的发明者蒂莫西·博纳斯－李（Tim Berners-Lee）以及诺贝尔化学奖得主达德利·赫施巴赫（Dudley Herschbach）等人。虽然每个人都获得了掌声，但是，当金斯伯格的名字响起时，现场爆发出的掌声尤为热烈，大家纷纷起立，向她表示敬意。

金斯伯格女士是当得起这样的敬意的。她把大部分的职业生涯都献给了为争取女性平权和妇女权利的斗争。在 20 世纪 70 年代，金斯伯格作为美国自由联盟的首席诉讼律师，在联邦最高法院为一些具有里程碑意义的案件进行辩护，把平等保护条款延伸到了女性权利保护上。正是由于她的倡导和工作，在法律涉及的许多领域，性别歧视的条款宣告终结。因此，她获得了极高的声誉。

金斯伯格大法官一生追求女性平权，可以说是当今美国自由派的突出代表。她通常也被视为美国联邦最高法院最为坚持自由派立场的大法官之一，以其激进的自由主义立场受到大众的关注。

在美国，如今所谓的“自由派”，其实更确切的说法应该是“平等派”。他们的核心理念是平等，认为平等高于自由。他们不是不热爱自由，而是相对于自由，他们认为平等更有价值。自由派的精神始祖可以追溯到卢梭和狄德罗这些法国启蒙运动的代表们。卢梭《社会契约论》开篇的那句话最能代表这些自由派的心声：“人生而自由，却无往不在枷锁中。”[①] 自由固然重要，建立能够让每个人都吃得上面包的制度更重要，打破不平等的枷锁更重要。

对于今天美国代表自由派的民主党来说，金斯伯格大法官去世的时间非常不凑巧。2020 年是总统大选年，再过 40 多天，共和党和民主党各自的总统候选人谁能登上下一任总统宝座，就要见分晓。金斯伯格大法官去世，很可能会使自由派失去一个联邦最高法院大法官的席位。要知道，在某种意义上，可以改变美国联邦最高法院保守派和自由派意见平衡的大法官，甚至比总统对美国的影响还要深远得多。

在当今世界各国中，似乎还没有哪个国家的司法部门拥有美国联邦最高法院那样的权力和权威。联邦最高法院的权力来源于它对美国宪法的最终解释权，权威来自它基本不受政府更替和舆论变迁影响的独立性。两度出任美国联邦最高法院大法官的查尔斯·休斯

---

① [法] 卢梭. 社会契约论 [M]. 何兆武，译. 北京：商务印书馆，2003.

（Charles Hughes）曾说："我们生活在宪法之下，但这个宪法是什么意思却是法官说了算。"[①]2000 年，美国总统在小布什和戈尔之间难产，最终联邦最高法院判定小布什胜选，就是这种权力和权威的最佳说明。

很多人会误解美国的三权分立制度，以为立法、司法、行政三权互不干涉，各有自己的独立领地。事实却恰恰相反，这三权之间是你中有我、我中有你。比如，总统可以立法，可以否决议会通过的法案，或者干脆像特朗普总统这样，发布行政禁令，绕过议会在美国禁用抖音和微信。立法和行政两权相互角逐，都想扩大自身的权力范围。这样一来，对联邦最高法院法官席位的争夺，就显得举足轻重了。而这套政治玩法，正是美国宪法设计者的良苦用心所在。

2016 年，备受争议的保守派大法官斯卡利亚去世，民主党总统奥巴马提名麦瑞克・加兰德（Merrick Garland）担任大法官，此举遭到了在参议院占多数的共和党参议员的反对。参议院多数党领袖、肯塔基州参议员米奇・麦康奈尔（Mitch McConnell）极力阻拦，把宝压在特朗普能够在总统大选中胜出上。结果，他赌对了。

特朗普总统的运气好得出奇，他在一届任期内竟然获得了三次提名大法官的机会。先前，他已经任命了两名联邦最高法院大法官，分别是尼尔・戈萨奇（Neil Gorsuch）和布莱特・卡瓦诺（Brett Kavanaugh），使得联邦最高法院九名大法官中保守派占到了五席。但这还

① 任东来，陈伟，白雪峰．美国宪政历程：影响美国的 25 个司法大案 [M]. 北京：中国法制出版社，2014.

仅是略占上风，因为首席大法官约翰·罗伯茨（John Roberts）的表现略有摇摆，不是铁杆右派。如今特朗普总统再获大法官提名权，那么共和党任命的大法官人数将达到 6 人，民主党任命的大法官仅有 3 人。联邦最高法院的天平要向保守派的方向大大倾斜了。

其实，保守派所持的保守主义，反而比自由派所持的自由主义来得迟些。当狄德罗和卢梭的平等观念最终引发了法国大革命之后，英国哲学家埃德蒙·伯克（Edmund Burke）开始了他对自由主义的反思。虽然同样对自由主义保持着尊重，但他非常反感法国大革命，他强调传统的重要性，创立了保守主义哲学，虽然他本人并没有明确地提到保守主义这个词语。

美国的自由派，或者说左派，对美国的影响缓慢而深刻。哈佛大学政府学系著名的政治哲学教授哈维·曼斯菲尔德（Harvey Mansfield），就曾对哈佛大学现在全面左转的风气表示不安。以共和党为首的保守派与以民主党为首的自由派的斗争，更彰显出美国社会弥漫的这种不安情绪。今天共和党的保守主义有三个源头：第一是自由放任的市场资本主义，源于苏格兰启蒙思想家、现代经济学的奠基人亚当·斯密；第二是社会保守主义，源于基督教新教的思想；第三是自由至上主义，源于英国启蒙思想家约翰·洛克和德国哲学家康德。洛克强调自由，强调人的财产神圣不可侵犯；康德强调个人自治，把它视为道德的最高体现。

在美国，无论是保守派，还是自由派，其维护的核心看似都是自由，实则差别很大。自由派往往追求平等，更多地把不平等的结果归因为社会制度，比如非裔美国人和白人的收入不平等，往往被左派人士归结为种族歧视的结果，他们会希望通过平权运动消除这种不平等。保守派则注重自由和自治，对于诸多以平等和进步为宗旨的社会变革深怀疑虑。

2016 年成功阻止民主党总统奥巴马提名的大法官人选在参议院通过的麦康奈尔已经表示，他将力争填补特朗普总统第一届总统任期最后一年可能出现的任何大法官空缺。如今，共和党同时控制了参议院和白宫，麦康奈尔这样表示既符合宪法，也符合现实。民主党人虽然声嘶力竭地加以反对，但是，他们自己也知道，他们已经没有任何实际的权力来阻止特朗普总统提名新的联邦最高法院大法官了。

金斯伯格大法官曾经公开表示过对特朗普总统的厌恶之情，并且声称“如果他当选，我就移民到新西兰去”。且不说她作为联邦最高法院大法官如此表达自己的政治倾向，有违大法官的中立形象，她最终也自食其言，不但没有移民新西兰，还不得不为此事道歉。金斯伯格虽然已经 87 岁高龄，但她一再表明，只要身体健康、精神敏锐，就会一直在任。可惜人算不如天算，老人家终究没有等到民主党总统再上台的那一天。

2020 年 9 月 22 日星期二

于查尔斯河畔

冤冤相报，共和党和民主党大法官之争的背后

美国东部时间 2020 年 10 月 26 日晚，特朗普总统提名接替 9 月去世的金斯伯格大法官的人选——巴雷特。在获得美国参议院投票确认后，巴雷特在白宫连夜宣誓就任。此时距离美国总统大选结果揭晓只有不到 10 天的时间。

消息一出，民主党人纷纷悲叹：这是黑暗的一天！他们认为，共和党人之所以如此迅速地通过任命，是因为他们知道美国人没有站在他们这一边。众议院议长、民主党领袖南希·佩洛西（Nancy Pelosi）在 Twitter 上坦陈："特朗普总统对联邦最高法院的操纵，威胁着我们对国家价值和权利的界定。"民主党总统候选人拜登、副总统候选

人贺锦丽更是在 Twitter 上发文表达了明确的反对态度。但是，破坏联邦最高法院规则的，可不是只有共和党。

巴雷特就任大法官，是美国 2020 年政治生活中的一件大事，其意义或许不亚于美国总统选举。代表保守派的共和党，与代表自由派的民主党，不仅在议会当中对立法权你争我夺，争夺美国总统这一职位所代表的行政权，而且也在尽可能地控制联邦最高法院所有的司法权。

美国联邦最高法院，是美国最高级别的联邦法院，也是美国三权分立体制中继总统、国会之后最重要的一环。根据 1789 年美国宪法第三条的规定，联邦最高法院对所有联邦法院、州法院和涉及联邦法律问题的诉讼案件具有最终上诉管辖权（并且在很大程度上是有斟酌决定权的），以及对小范围案件具有初审管辖权。在美国的法律制度中，联邦最高法院通常是包括美国宪法在内的联邦法规的最终解释者。

根据联邦法规，联邦最高法院通常由一位首席大法官和八位大法官组成。法官均由总统提名，并需在美国参议院投票通过后任命。一旦获得参议院确认任命，法官享有终身任期，他们无须再服从其原先的政党、总统、参议院的意志来审判。一般人们会把大法官分为保守派、温和派和自由派，以此来划分他们的法律哲学和司法解释倾向。

由于联邦最高法院拥有解释宪法这一“话语霸权”，美国行政当局常常对此感到头痛不已。美国著名的威尔逊总统（1913—1921 年在任）就曾抱怨联邦最高法院在“不间断地召开着制宪会议”。关于这一点，他的前任、法官出身的总统塔夫脱（1909—1913 年在任）的表现更有说服力。塔夫脱总统一生的梦想就是当上联邦最高法院首席大法官，但他运气一直不好，只能退而求其次先当总统。在塔夫脱总统任内，他甚至打破常规，利用职务之便提名年老体衰的大法官爱德华·怀特（Edward Wright，时年 65 岁）于 1910—1921 年担任首席大法官，为自己将来出任首席大法官做好准备工作。1921 年，怀特大法官离世，塔夫脱终于如愿以偿，得以执掌联邦最高法院（1921—1930 年在任）。塔夫脱总统也成为美国历史上唯一一位既当过总统又当过首席大法官的政治家。塔夫脱后来在他的回忆录中表示，他对大法官职位的喜爱远胜总统。

但不得不说，在美国建国之初，这样一个令人艳羡的部门，并不是非常有权力的机构，大法官也不是一个令人仰慕的职位。美国宪法第三条对联邦最高法院的规定十分笼统，远不及关于立法的第一条和关于行政的第二条详尽。

联邦最高法院于 1790 年 2 月 2 日首次召开会议，据历史学家考证，在这次会议之后，大家无事可做、无案可审，闲了一周之后，他们就决定休庭到 9 月，然后各回各家去了。在早期的首席大法官约翰·杰伊（John Jay）、约翰·拉特利奇（John Rutledge）、埃尔斯沃斯（Eusworth）时期，上诉案件不多，在政治上基本没有产生太大的影响。

到了约翰·马歇尔（John Marshall，1801—1835 年）在任期间，联邦最高法院的权力和声望得到大大提升。在马歇尔的领导下，联邦最高法院确立了自身对国会行为进行司法审查的权利，包括在马伯里诉麦迪逊案中，确立了联邦最高法院为宪法的最终解释者的角色。①

威廉·马伯里（William Marbury）是美国首都华盛顿特区乔治城一位 41 岁的富商，詹姆斯·麦迪逊（James Madison）是美国的开国元勋，时任美国国务卿。这桩诉讼大案与当时美国政坛中的党派斗争有直接关系。联邦党人亚当斯总统在卸任的当天，连夜批准了 42 名由他提名的一水儿的联邦党人出任治安法官，这批法官被戏称为午夜法官。遗憾的是，由于马歇尔大法官当时忙着主持新总统就职等事宜，竟然有 17 份委任状忘记发出，马伯里正好在这 17 人之列。

对于联邦党人的突击提干，新上任的民主共和党（后来分裂为共和党和民主党）总统杰斐逊深感不满，他命令麦迪逊国务卿扣押这批委任状，并像处理垃圾一样处理掉。马伯里虽然家财万贯，却是个官迷，为了讨个说法，他一纸诉状把麦迪逊告到联邦最高法院，要求联邦最高法院下达执行令。当马歇尔大法官以联邦最高法院的名义致函国务卿麦迪逊时，却遭到了麦迪逊的傲慢对待，他压根儿就不理会马歇尔，因为联邦最高法院当时实在是一个缺乏权威的司法机构。此时，马歇尔当然可以正式签发一项执行令，命令麦迪逊按照法律程序发出委任状，但麦迪逊仗着有总统撑腰，对此置若罔闻。马歇尔真是绝顶聪明，他琢磨了半个月之后，想出了一个两全其美的绝妙判决结果。

---

① 任东来，陈伟，白雪峰. 美国宪政历程：影响美国的 25 个司法大案 [M]. 北京：中国法制出版社，2014.

1803年2月24日，联邦最高法院以5∶0的票数对马伯里诉麦迪逊案作出裁决。首先，马歇尔大法官认为，马伯里获得委任状是法律赋予的权利，这是一个法律问题，不是政治问题。其次，既然马伯里有这样的法律权利，那么他就应该得到支持。最后，马歇尔大法官没有沿着这个逻辑走下去，对麦迪逊下达强制执行令，而是突然笔锋一转，在判决词中引证宪法第三条第二款说："涉及大使、其他使节和领事以及以州为一方当事人的一切案件，联邦最高法院具有原始管辖权。对除上述案件之外的所有其他案件，联邦最高法院具有上诉管辖权。"用大白话说，马歇尔是在说马伯里告错了地方，不该把这个案子告到联邦最高法院。但马伯里这个大富商高薪聘请的律师并非不懂诉讼程序，他们之所以告到联邦最高法院，依据的是国会1789年9月通过的司法条例第十三条。

针对这个问题，马歇尔斩钉截铁地指出，"宪法是国家的根本法和最高法""违反宪法的法律是无效的""断定什么是法律显然是司法部门的职权和责任"。如果法官不承担起维护宪法的责任，就违背了立法机构所规定的就职宣誓，"规定或从事这种宣誓也同样为犯罪"。据此，马歇尔正式宣布，1789年司法条例第十三条因违宪而被取消。这是美国联邦最高法院历史上第一次宣布联邦立法违宪。

马伯里看到若要得到这个治安法官的委任状，还要从基层法院一层一层地告起，不知道要等到何时，也就打消了继续打官司的念头。后来，马伯里当上了一家大银行的总裁，继续做他的大富翁去了。

从表面上看，马歇尔似乎输掉了这场官司，因为马伯里的法律权利没有得到捍卫，但其实马歇尔和联邦最高法院才是真正的大赢家。马歇尔等于是通过此案向立法机构宣布：宪法不仅高于一切法律，而且判断法律是否违宪这个至关重要的权力也与立法机构无关，联邦最高法院才是最后的仲裁者。同时，马歇尔也是在向行政机构宣布：宪法的最终解释权属于司法部门，因此司法部门有权判定行政当局的命令和行为是否违宪，有权对行政当局的违宪命令和行为予以制裁。这样，联邦最高法院不仅拥有了司法审查权，而且在某种意义上拥有了最终立法权。

这样看来，保守派和自由派都想尽力争夺联邦最高法院的法官席位，也就是自然而然的事情了。

此次对巴雷特的大法官任命，民主党人反应如此强烈，其原因完全可以理解。因为就在 2016 年 2 月，保守派大法官斯卡利亚去世时，共和党以距离选举日期太近为由拒绝了奥巴马提名的加兰德法官，让斯卡利亚的席位空置了一年多。如今，仅仅过去 4 年多，斯卡利亚一生的论敌金斯伯格法官在距离大选不到两个月的时间去世，共和党却推翻了自己创建的先例。如此出尔反尔，如何不令民主党人感到愤慨。

200 多年来，虽然美国宪法运行得一直还算有效，但在过去三四十年里，参议院的规则却一再受到破坏。2017 年，民主党人为了报复共和党人对加兰德法官的抵制，他们开始抵制特朗普提名的戈萨奇法官。为了确保戈萨奇的提名能够通过，共和党控制的参议院宣布废除联邦最高法院大法官提名时的冗长辩论制度，这样就不需要参议院 100 票中的 60 票而只需要 51 票就可以通过。

共和党人和民主党人的这种争斗已经不是一天两天了，最早可以追溯到 20 世纪六七十年代。

第十四任首席大法官厄尔·沃伦（Earl Warren，1953—1969 年在任）在位时的联邦最高法院是美国历史上最为偏向自由派的，期间大幅扩大了宪法中关于公民自由的权利范围。沃伦法官在 1969 年卸任，共和党总统尼克松连续任命了 4 位保守派法官，保守派势力卷土重来。后来的“伯格法院”（1969—1986 年）、“伦奎斯特法院”（1986—2005 年）、“罗伯茨法院”（2005 年至今）都越来越倾向于保守派。如今党派斗争再次引发大法官之争，也让人不免想起杰斐逊总统当年的担忧。

马伯里诉麦迪逊案的裁决，让杰斐逊总统大为光火。在杰斐逊看来，行政、立法和司法部门之间应当是三权分立、平起平坐的关系，凭什么司法部门可以高人一等？如此一来，如果联邦党人控制了联邦最高法院，一而再、再而三利用司法审查权推翻民主共和党国会制定的重要法律，那么，美国的分权制衡体制就会因党派斗争陷入瘫痪。

如今，杰斐逊总统的担心部分地变成了现实。联邦最高法院的大法官之争背后是党派斗争。司法政治化的趋势，使人不得不为美国民主宪政的健康运行捏一把汗。

2020 年 10 月 27 日星期二

于马萨诸塞州坎布里奇寓所

移民真的抢走了美国人的工作吗

移民问题，尤其是非法移民问题，近些年来越来越多地困扰着美国及其他西方国家。特朗普总统要在美墨边境修墙，就是要阻挡来自墨西哥的非法移民。

普通人担心移民问题，主要是担心移民来了会抢走自己的饭碗，或者会把自己的工资拉低。根据经济学中最简单的供求分析，如果劳动力市场对劳动者的需求不变，劳动力供给增加，就会导致劳动力的价格下降。这个表述在这个经济学家普遍不受欢迎的时代如此深入人心，倒也并不令人感到奇怪，因为它很符合一般人对商品市场的想象。我们拿西瓜市场来打个比方。

在我小时候，镇上的人每年都会种西瓜，成熟后就拿到镇子的集市上卖。但村庄里的人种的西瓜如果拉来卖，就会有收了钱的地痞来捣乱，把他们赶跑。所以，村子里倘若有种西瓜的，就在自家的村口卖，不敢到镇上去。这样一来，镇上的西瓜往往会卖得比较贵一些。假如来镇上买西瓜的人要买的总量不变，那么，多来了个卖西瓜的，自然会把价格压低，使家在镇上的卖瓜人受损失。

用这个比方比喻劳动力市场，看起来似乎一点都不违和，劳动力不也是商品吗？工资不就是价格吗？那么，情况果真如此吗？在这方面，利用数据进行经验研究的经济学家给出了不一样的解答。

在特朗普上台前的 2016 年，在美国出生的外国人口达到了 4370 万。皮尤研究中心的数据告诉我们，自从 1965 年新的美国移民法取代了原来的国别配额系统之后，美国的移民数量翻了四番还要多。移民占到今天美国总人口的 13.5%，是 1970 年（4.7%）的近 3 倍，但今天美国的移民人口占比依然比 1890 年的历史最高占比 14.8% 要低一些。这 4000 多万移民中，大约有 1/4 是非法移民。

这 4370 万移民中，差不多有一半居住在加利福尼亚州、得克萨斯州和纽约州。其中加利福尼亚州最多，有 1070 万人，得克萨斯州和纽约州各有超过 450 万人。就城市而论，大部分移民居住在 20 座大型都市中，最大的聚居地是纽约、洛杉矶和迈阿密。而这 20 座城市居住的移民占全美移民总人口的 65%，大部分非法移民人口都居住在城市区域。

如果从经济数据上来看，这些移民聚居的地区也是经济相对较发达的地区，因为那里更容易找到工作，也有更多的赚钱机会。许多人据此认为，移民不仅不会导致本地就业机会减少，而且还会促进经济的快速发展。

这个星期五，我参加了我的合作导师弗里曼教授主持的一个讨论会，这次讨论会邀请了一位名叫丹尼尔·金（Daniel Kim）的学者来报告一篇论文。这篇论文的题目叫作“美国的移民与企业家精神”。这篇文章首先肯定，移民的确带来了更大的劳动供给，给本地的工人造成了更大的竞争压力。但是，他们也指出，移民还可以创建更多的新企业，从而扩大对劳动力的需求。他们的这篇文章有着广泛的数据来源，还研究了移民对企业家精神的影响。他们发现，移民创造出的工作岗位数量要大于他们占据的工作岗位数量，而且非美国出生的企业创建者比例远远高于他们所占的人口比例。

这篇文章的数据和模型逻辑都很扎实，结论基本可信。而且，从直觉上讲，愿意离开家乡到美国来追求美国梦的人，无论是非法移民，还是合法移民，本身都可能更加具有敢闯敢拼的精神，所以，我认为这个结论并不令人感到意外。在美国的 500 强公司中，有 204 家是由移民或移民子女创办的。亚马逊总裁贝佐斯、特斯拉首席执行官埃隆·马斯克，以及一大批美国著名企业家，都是移民或移民的子女。

这就可以在一定程度上解释，劳动力市场与我家乡的西瓜市场是不一样的。原因并不是经济学的供求模型不对，而是没有考虑对劳动力需求的变化。首先，人们移民到美国之后，虽然客观上增加了劳动供给，但是也会产生许多对商品市场的需求，而这些需求会驱动当地的企业扩大生产规模，进而提升对劳动力的第一部分需求。其次，也就是第二部分需求，是移民拥有的企业家精神所创造的那部分劳动力需求。这些人为了更好地生存下来，利用他们这个群体更具创新精神的优势，在创办企业上表现得尤为出色，这又会带来对劳动力的需求。这两部分劳动力需求加在一起，很可能会超过移民本身的劳动力供给数量。

如果这些都还不足以让人感到信服，劳动经济学家还有一个更为有趣的研究，能够让我们更好地研究外来移民对一个地方的经济发展和就业机会，到底起着什么作用。这就是著名的对马列尔港偷渡事件的研究。

1959 年古巴革命战争胜利后，美国一直封锁制裁古巴，试图推翻古巴政权，建立亲美政权。同时，美国不断诱使古巴人逃出古巴，为古巴持不同政见者提供政治庇护，这使得大量民众逃往毗邻古巴的美国佛罗里达州。1966 年，美国政府出台《古巴情况法》，规定任何自 1959 年后到达美国且在美国居住满一年的古巴移民，均可获得永久居住权（即绿卡）。

1980 年 4 月 1 日，有 6 名古巴人闯进秘鲁驻古巴大使馆寻求政治避难。秘鲁大使馆拒绝将叛逃者交给古巴政府，古巴当时的领导人一怒之下宣布撤离保卫秘鲁大使馆安全的警卫，允许古巴百姓自由进入。此后，大批古巴人蜂拥而至，最后整个大使馆站满了人，连吃饭喝水都成了问题。在此情况下，秘鲁向美国等西方国家求援。美国、西班牙、比利时、哥斯达黎加等国先后发表声明，称愿意接收在秘鲁大使馆避难的难民。4 月 20 日，古巴当时的领导人突然发表了一次讲话，宣布开放马列尔港，允许一切想要离开古巴的古巴人从这里离开，而且还把古巴监狱中的犯人以及精神病人和妓女赶出古巴。结果，从 4 月底开始到 9 月底，共有 12.5 万古巴人从马列尔港离开，涌入美国的迈阿密城区。这些人基本上没有接受或只接受过极少的教育，他们当中的绝大多数都永久居住在了迈阿密，这导致迈阿密的劳动力在短短几个月内增加了 7%。

那么，迈阿密本地的劳动者工资发生了哪些变化呢？

我们倘若只是单纯地比较这次事件前后迈阿密的劳动力工资水平的变化，可能会存在一定的偏差。这是因为，也许这几个月还发生了其他导致劳动力需求增加的变化。如果我们观察到马列尔港偷渡事件发生后迈阿密的工资水平没有下降，你可能会说，这并不能说明这些非法移民没有导致本地居民的工资水平下降，而是其他因素提高了对劳动力的需求所致。

为了解决这个因果推断的难题，著名的劳动经济学家戴维・卡德采用了一种叫作“双重差分”的计量方法，他把马列尔港偷渡事件前后迈阿密原有居民的工资和就业率的变化情况，与美国其他四个相仿的城市（亚特兰大、休斯敦、洛杉矶和坦帕）居民的对应变化轨迹进行了对比。① 结果表明，无论是在古巴难民到达后不久，还是在几

① David Card, “The Impact of the Mariel Boat lift on the Miami Labor Market”, *Industrial and Labor Relations Review*, Vol. 43, No. 2. (Jan., 1990), pp. 245-257.

年以后，都没有什么不同。也就是说，这些非法移民并没有影响到当地人的工资水平和就业情况。

马列尔港偷渡事件，为我们研究移民对迁入地居民工资和就业的影响提供了一个自然实验，这项研究虽然一直充满着争议，但其结论基本经受住了学术界的检验。

当然，经济学对移民问题的研究，只是提供了一种视角，不过，这种视角还是为我们揭示了某些真相。至少，那些政客拿移民问题来做文章时，原来那套西瓜市场的简单说法已经站不住脚了，经济学的经验研究早已拆穿了他们的西洋景。

2020 年 11 月 14 日星期六

于马萨诸塞州坎布里奇寓所

被神化的杰斐逊总统

上周我到弗吉尼亚旅行，自然不能不去瞻仰美国国父之一的托马斯·杰斐逊的故居——蒙蒂塞洛庄园。这座由庄园主人自己设计和建造的居所，是一栋特色鲜明的罗马新古典主义建筑。庄园位于一座山丘顶端，四周围树木环绕，前有一潭碧波。庄园的整个格局并没有那种拒人千里之外的庄严，而是自内而外地散发着一种独特的韵味，令人心醉神迷。我在初冬时节来到这里，远眺群山，山上的树叶红黄交替、错落有致，萧然之中隐约有一股苍莽之感。

托马斯·杰斐逊，1743 年 4 月 13 日出生于弗吉尼亚，他是美国《独立宣言》的主要起草人，是美国开国元勋中最具影响力，也最令人感到复杂而难以完全理解的一位。他曾在1779—1781年任弗吉尼亚州的第二任州长，1790—1793年任美国第一任国务卿，1797—1801年任美国第二任副总统，并最终在1801—1809年担任美国第三任总统之职。托马斯·杰斐逊于1792年创建并领导民主共和党，该党统治美国的时间长达1/4个世纪，直到1824年分裂为民主党和共和党。

杰斐逊还是一个知识渊博的学者，尤其钟情于建筑学，蒙蒂塞洛庄园就是他的建筑杰作。整个庄园掩映在树影和山峦之间，给人以浑然天成之感。庄园的主建筑采用的是多利安式的门廊、白色的圆顶以及四周以红砖为主体的搭配，充分展现了这位伟大人物充满诗意的想象力。

从蒙蒂塞洛庄园的一侧远眺，即可看到著名的弗吉尼亚大学。这是托马斯·杰斐逊于美国弗吉尼亚州夏洛茨维尔创立的一所公立研究型大学。这所大学迄今仍是美国名列前茅的著名公立大学，它不仅以首创建筑、天文和哲学等学术领域而著称，还是第一所独立于教会的美国高校。

弗吉尼亚大学与它坐落的这个小镇几乎没有什么界限，找停车位的时候，我们还偶然地发现了美国另外一位开国元勋詹姆斯·麦迪逊的纪念馆。过了一条街，迎面就看到了弗吉尼亚大学校园内的托马斯·杰斐逊的全身雕像，他直视前方，激情满怀。斯人已去，气韵犹存。

我和朋友一起坐在校园里面的草坪上，感受着这所静谧的大学带给我的神秘，仿佛回到了200多年前，回到了杰斐逊的年代，教授和学生一起住在这里，延续着政治哲学的思辨和对宇宙真理的探讨。

美国的开国元勋中，后世声名最为隆盛的莫过于乔治·华盛顿和托马斯·杰斐逊了。在来蒙蒂塞洛庄园参观之前，我还曾怀着虔敬的心情参观了乔治·华盛顿的故居。那里背靠波托马克河，沿山坡而下，是他曾经耕作过的良田，曾经渔猎嬉戏的码头。那里埋葬着乔治·华盛顿的遗骨，流传着一个近乎完美之人的历史传奇。但是，与杰斐逊相比，华盛顿还是显得过于遥远了，他几乎没有留下什么豪言壮语，就像德尔菲神庙的神谕，惜字如金。站在华盛顿庄园的土地上，你感受到的是一个农民的生活，自由自在的同时，又远隔着两个世纪之久。华盛顿不像杰斐逊那样令人捉摸不透，即便是终身研究杰斐逊的美国历史学家，也常常感慨杰斐逊的多面性。

杰斐逊最为世人称道的成就，就是他作为主要起草人撰写了美国《独立宣言》。1776年5月中旬到7月初，在这短短的6个星期之内，杰斐逊写下了为他带来盛名的文字，让他的名字在之后的两个多世纪与美国梦的美好愿景紧密联系在一起。《独立宣言》的创作在美国历史上是一件具有宗教意义的事情。在那6个星期里，孤独的杰斐逊捕捉到了在他眼前稍纵即逝的永恒真理，以如椽巨笔，把这些文字刻写在了美国人的灵魂之中。

> 我们认为下述真理是不言而喻的：人人生而平等，造物主赋予他们若干不可剥夺的权利，其中包括生存权、自由权和追求幸福的权利。为了保障这些权利，人们才在他

们中间建立政府，而政府之正当权力，则是经被统治者同意而产生的。

这就是具有创新精神的政治哲人杰斐逊关于美国信念的声明。尽管后来有不少人认为杰斐逊是在抄袭英国哲学家约翰·洛克的主张，但是，不得不承认，即便是有所参考，杰斐逊也作了富有创造性的发挥。这些文字影响深远，是美国文化得以孕育的政治根基。

1826 年杰斐逊去世之后，对他的评价和精神遗产的继承就成了判别各种政治派别的标准。无论是南方分裂主义者，还是北方废奴主义者，都可以从杰斐逊的文字中找到对自身政治理念的支持；无论是镀金时代的“强盗贵族”，还是 20 世纪 60 年代以来的自由派改革者，甚至激进的民粹主义分子，都能从他的施政主张中找到有利于自己的倾向。美国当代最著名的杰斐逊研究专家、弗吉尼亚大学杰斐逊研究教授梅里尔·彼得森（Merrill Peterson）送给岁月变迁中的杰斐逊的形象这样一个称呼——“多变之人”，也是美国的一个“伟大的凡人”。[①] 彼得森的话也正说明，美国人民在不同的时代，在按照不同的面向诠释着这个伟大的建国者。而自 20 世纪 60 年代以来，一度象征着正确方向的杰斐逊，开始成为许多错误的代名词。美国白人讲述伟大美国精神的这套杰斐逊故事，开始有了相反的声音。

这其中最大的丑闻，莫过于对杰斐逊与奴隶萨莉·海明斯（Sally

① Merrill Peterson, *The Jefferson Image in the American Mind*, Press: University of Virginia Press, 1998.

Hemings）之间的不正当关系的质疑。

萨莉·海明斯是托马斯·杰斐逊的一名奴隶。萨莉的母亲是“黑人”奴隶女人与白人船长的女儿，萨莉与杰斐逊的夫人玛莎是同父异母的姐妹，随着玛莎一起来到了杰斐逊庄园。1782 年，杰斐逊的妻子玛莎第七次生育，生下了他们最小的女儿露西。产后不久，玛莎就得了重病，于当年 9 月不幸去世。对此，杰斐逊异常痛苦，他答应爱人不再娶妻。而从 1784 年起，11 岁的萨莉成了杰斐逊女儿玛利亚的女仆，并随着杰斐逊一起到了巴黎。也就是在巴黎期间，萨莉成为杰斐逊的情人（萨莉当时约为 14 ～ 16 岁），并在杰斐逊剩下的时间里与他维持着这种地下关系。据传，萨莉一生为杰斐逊生育了 6 个孩子。

蒙蒂塞洛庄园一侧墙上的橱窗里详细介绍了萨莉·海明斯的全部生活经历。就在距离庄园主建筑不远的一处独立的木屋里，萨莉·海明斯度过了她的一生。而拥有一处独立的木屋居住，本身就说明了萨莉不是一位普通的奴隶。

萨莉·海明斯与杰斐逊的这段关系，由于涉及国父的私生活，同时也涉及杰斐逊对待奴隶制以及非裔美国人的态度，长期以来被美国人所忌讳。直到 20 世纪，历史学家才逐渐给出了一些旁证，不再否认这件事的存在。而随着基因检测技术的不断进步，历史学家通过寻找杰斐逊的白人后裔，与若干声称是萨莉·海明斯后裔的人的 DNA 进行比对，确定了杰斐逊与海明斯的后人确实存在着关联。

1993 年，弗吉尼亚大学举办了一场纪念杰斐逊 250 周年诞辰的纪念会议。在这个会议上，弗吉尼亚理工大学的历史学家保罗·芬克曼（Paul Finkelman）据此指控杰斐逊虚伪，认为他是一个彻彻底底的种族主义者。在杰斐逊的眼里，黑人根本不可能与白人平等地一起生活，并且在废除奴隶交易或者限制奴隶制在美国南部以外地区蔓延的问题上，杰斐逊也没有表现出多么真诚的态度，他对于如何逐步实现解放奴隶的思考也是如此。芬克曼甚至认为，给杰斐逊冠以自由之父的盛名，乃是一种误导。[①] 当然，芬克曼的批评并不能完全概括这场对杰斐逊的纪念会议，迄今也只有一小部分历史学家认同芬克曼的观点。学者们尽可以对杰斐逊作出这样或那样不近情理的批评，但在主流文化中，人们对神一般的杰斐逊依然充满着近乎盲目的热爱。

一个民族的凝聚力和精神的形成，靠的往往是近乎神话的那些人物和流传下来的那些半真半假的故事，讲故事本就是智人的天性。

在查尔斯·达尔文的《物种起源》于1859年出版之后[②]，虽然达尔文本人从未将他的适应性和自然选择理论应用到诸如种族和语言文化这些模糊的对象上，但还是有不少人利用它发展出了各种新意识形态。他们把语言、文化和达尔文主义对种族的解释捆绑在一起，用来解释自己的族群在生物、精神以及语言学上的优越性。当海德格尔主张德语和希腊语是盛载优等思想的独特容器时，他不会想到，后来的语言学家研究发现，海德格尔所认为的这些优等的语言与那些劣等的

① Melvin I. Urofsk, Paul Finkelman, *A March of Liberty: A Constitutional History of the United States*, Press: Oxford University Press, 2001.

② ［英］达尔文．物种起源 [M]. 周建人，叶笃庄，方宗熙，译．北京：商务印书馆，1995.

语言，竟然源自相同的语系，这些语言是借助车轮和马散布到多个大陆上去的。欧洲诸国的语言，本是同源而生。[①]

托马斯·杰斐逊在美国是一个神话般的存在，这是一套语言文化内在强化的结果，它本身就构成了一套意识形态，笼罩着这个由华盛顿、杰斐逊等人开创的国度。

一个人，一旦变成意识形态的一部分，真相对于生活在其间的人们就不再重要了。就像《托马斯·杰斐逊：美国的斯芬克斯》一书的作者在弗吉尼亚首府里士满介绍自己对杰斐逊的真实描述时，一位上了年纪的女听众厉声叱责他对杰斐逊不敬："老弟，你也就是一只在伟大的托马斯·杰斐逊的雕像上咕咕叫的鸽子。"[②]

这就是意识形态的作用。它让人们相信，但只是让人们相信。相信本身，就是力量的来源。

2020 年 12 月 20 日星期日

于马萨诸塞州坎布里奇寓所

---

① [美]大卫·安东尼.马、车轮和语言[M].张礼艳，胡保华，洪猛，艾露露，译.北京：中国社会科学出版社，2016.

② [美]约瑟夫·埃利斯.杰斐逊传：美国的斯芬克斯[M].杨彬，卢晶，译.北京：中信出版社，2018.

反垄断，下一个是谷歌！

2020 年 10 月 20 日，美国司法部对谷歌提起反垄断诉讼，指控这家市值超过万亿美元的公司利用其市场垄断地位非法打压竞争对手。这是继 1998 年对微软发起反垄断诉讼后，美国司法部首次采取行动打击一家科技巨头的垄断行为。与当年的微软一样，司法部的诉讼将使这家互联网时代的标志性公司面临被分拆的可能。

虽然在对微软发起的反垄断诉讼案中，微软公司最终与美国司法部达成和解，得以保全，未被分拆，但当年美国政府针对洛克菲勒石油公司以及针对美国电话电报公司的反垄断诉讼都取得了成功，迫使这些公司分拆成了一系列子公司。

美国的反垄断立法始于19世纪的最后20年，这些法律法规被称作反托拉斯法（antitrust legislation）。托拉斯即信托（trust），它是这样一种安排，即委托人将资产控制权授予受托人，受托人将为受益人的利益或目的直接管理和处分资产。在19世纪的最后20年里，石油、钢铁、铁路、糖和棉花等企业的股东将他们的股票交给了信托企业，并从信托企业管理的企业的利润中获利。这些信托企业从事的就是后来被称为垄断（monopolization）的业务。约翰·D. 洛克菲勒创立的美孚石油公司就是一个例子。作为对托拉斯策略的回应，美国国会针对州际商业中的行销和组织行动，于1890颁布了《谢尔曼反托拉斯法》——这是最早的反托拉斯法案。从那时起，有关企业间竞争和行销的立法和行动，就被称为反托拉斯法。这不是反对信托，而是反对任何被认为是不好的，非良性的市场效应的协议。之后的反垄断行动和政策，大多是基于《谢尔曼反托拉斯法》及支撑法律而作出的。

这次美国司法部发起的诉讼，指控的是谷歌通过非法行动维持其在互联网搜索和搜索广告领域的垄断地位。起诉书说："如果法院不作出裁决，谷歌将继续执行其反竞争战略，削弱竞争过程，减少消费者的选择，并扼杀创新。"根据美国政府提供的数据，美国近90%的通用搜索引擎查询均是使用谷歌完成的，在移动设备上，这个比例更是高达近95%。美国司法部部长威廉·巴尔（William Barr）声称，调查人员发现，谷歌并不是在搜索结果的质量上展开竞争，而是通过向手机制造商和其他公司付费来获得成功，"最终的结果是，没有谁能挑战谷歌在互联网搜索和搜索广告领域的主导地位"。

1890 年的《谢尔曼反托拉斯法》第一条规定："任何限制州际间或与外国之间的贸易或商业的契约，以托拉斯形式或其他形式联合或共谋，都是非法的。任何人签订上述契约或从事上述联合或共谋，将构成重罪。"违反者面临的惩罚将是重罚和监禁。第二条规定："任何人垄断或企图垄断，或与他人联合、共谋垄断州际或与外国间的商业和贸易，将构成重罪。"

第一条认为，限制贸易构成犯罪。第二条规定，垄断州际贸易构成犯罪。但是，非常不幸，这部法案并没有定义何为限制贸易、何为垄断，直到现在，也仍然没有定义。

在《谢尔曼反托拉斯法》颁布 24 年后，美国国会又通过了一项《克莱顿反托拉斯法》。这部法案明确了一些模棱两可的地方，确定了在《谢尔曼反托拉斯法》意义下绝对违法的行为。随后的修正案禁止价格歧视、排他性交易合同和搭售安排、某些类型的合并和企业董事相互关联。[①]

按照这个法案，美国司法部对谷歌的诉讼指向的就是其中的第二条，即谷歌达成了排他性的交易合同以及作出了搭售安排。但是，该法案也规定，这些行动只有在实质性地减少竞争或助长垄断的情况下才应被禁止。那么，何谓实质性地减少竞争？何谓助长垄断？这部法案仍然没有给出明确的解释，这就再度为辩论和解释留下了很大的空间。

---

① 有关这部分的内容，本节参考了以下这本书的相关章节：Armen A. Alchian, William R. Allen, Jerry L. Jordan, *Universal Economics*, Liberty Furd Inc., 2018。

美国司法部在对谷歌的起诉书中称，谷歌的行为伤害了美国民众，司法部正在寻求“缓解任何反竞争伤害所需的结构性救济”。一般而言，反垄断案中的“结构性救济”是指出售资产。起诉书表示，“最终，受到选择更少、创新更少、广告价格不具有竞争力影响的是消费者和广告商”，因此，司法部“要求法院打破谷歌对搜索分配的控制，以促进竞争和创新”。

不得不说，美国司法部的起诉书使用了一种适应争议与情感诉求，并且十分混乱的语言，而没有提供可以证实指责的确切证据。从科学上讲，语言的目的是客观地解释和检验证据，而不应该涉及具有某种倾向性的目的、结果或受益人。

如果美国司法部认定谷歌是垄断企业，那么，他们到底意欲何为？联邦法律只说垄断和试图垄断违法，却没有说明垄断到底是什么意思，而至于导致消费者选择更少，阻碍了创新等指控，分明又没有提供坚实的证据。

之所以出现如此混乱的局面，根本原因还是司法部不认可企业之间对生产和分销的依赖性。大多数反垄断的法律法规似乎都是基于这样一种观点建立的，即只有技术独立的企业进行专业化生产。因此，无论出于何种原因，企业之间签订的任何合同或协议都会受到极大的质疑，似乎企业都是在试图通过限制性协议来控制竞争和价格，没有例外。但这种不完整的理解忽略了技术的相互依赖性，以及确保技术上相互依赖的企业和团队成员在其生产活动中的可靠性问题。

判定协议的某些影响到底有益还是有害，是否违法，其标准是什么？反托拉斯法的最终目的是什么？当有些行销策略影响贸易总收益的分享时，这是好是坏？如果一家企业降低了自己的产出率，提高了价格，然后发现自己获得了更大的利润，那么在哪种意义上，这会被视为不好的现象呢？

如果两家企业自愿达成了联合减少产出以提高共同利润的协议，为什么这会被认为是不良之举？如果两个年轻的律师合作成立一间律师事务所，与各自单独工作相比，他们都能挣更多的钱，得到更高的律师费，那么这种联合不好吗？显然不是，因为事实上大多数律师都在律师事务所工作，所以这是合法的。然而，如果两家大律师事务所合并，就可能会被视为过于集中，因此是不好的和非法的。为什么？根本的问题在于，就所允许或禁止的行动而言，法律的基本标准到底是什么并不清楚。

在过去通过法律和法院诉讼解决竞争与集中问题的一个多世纪里，经济学家提出了一个标准。经济学家的标准是，国民总产出的个人总估值。也就是说，消费者获得了最大的满意度，生产者获得了最大的利润。

然而，美国还是有些国会议员或州司法检察官主张要实现其他目标。他们希望通过限制那些对顾客颇富吸引力，价格和成本都更低，同时规模也更大的商店的增长，来保护像“夫妻店”这样的家庭企业。尽管成本更高，对其他公众来说消费者估值下降，但他们仍提倡对小企业提供这样的保护。

是追求消费者的总福利，还是让“夫妻店”得以存活，哪一个才是更好的目标？这取决于你想生活在一个什么样的世界里。这不是一个经济标准。实际情况是，大型连锁店体系的总体效益是如此之大，以至于那些规模较小、独立经营的零售商往往会失去公众的关注。

几乎每一次技术或生产方面的社会改良，都会伤害某些人。电力的发展伤害了捕鲸业，后者曾负责产出大量灯油。电报冲击了邮驿业的负责人和邮递员，但对公众利益的估值远远超过了这些成本。超级市场迫使大多数零售商转行到大卖场当经理或店员，而公众则从更低的价格和更便利的服务中得到了实惠。电冰箱伤害了送冰工。拉链伤害了纽扣生产商。汽车、收音机、电视和计算机也都伤害了其他商品和服务的提供商，但公众普遍从中受益。如果两个或多个具有竞争力的企业之间的协议能够为公众带来便利，那么它应当被我们视为联盟，而不是反竞争的勾结或阴谋。

当然，任何人——政治家、企业家或学术界人士都可以断言，除了消费者估值之外，其他目标也应该受到重视，比如保护小企业或家庭农场，让其他不够好的搜索引擎公司也活下去。但是，这些目标似乎不该是国家政策的一部分，尽管这样的目标在通过特殊利益立法中的政治竞争部分地予以实现。

在美国的反垄断诉讼中，司法部的诉讼书所运用的语言并非科学的语言，对于何为垄断，也没有清晰一致的界定。其所凝结的，更多的是一种情绪、一种倾向，甚至是一种党派的意见。

这次美国司法部对谷歌的诉讼，其所提交的时机恰逢美国大选前夕，某种程度上，这或许可以被视为一种政治姿态，因为此举表明，特朗普总统在兑现之前向其支持者作出的承诺，那就是追究某些公司涉嫌压制保守派声音的责任。

美国政治上的争斗蔓延到了经济领域，谷歌等公司成为替罪羔羊，这对于一个标榜自由竞争的经济体而言，无法不令人感到担忧。

2020 年 10 月 21 日星期三

于查尔斯河畔

经济创新与社会宽容

我们这个时代最大的问题，就是创造财富的市场经济制度与我们内心的道德情感存在着不可调和的矛盾。

最近，一篇名为"'不讲武德'的互联网巨头正在用资本夺走无数卖菜小商贩的生计，这是不道德的，必须反垄断"的网文开始在朋友圈里热传。这篇文章从目前越来越火的"社区团购"这一商业模式说起，谴责互联网巨头进入卖菜这个"低端行业"（作者原文），使得无数可怜的卖菜小商贩失去了生计。然后，作者这样慨叹："互联网巨头入局哪个行业，哪个行业必然血雨腥风，最近这段时间竞争最残酷的，恐怕就是卖菜行业了。"

接下来，作者开始了他对大资本、大企业的批判。“一个社会，大资本、大企业应该干什么？难道是要倾尽它们的力量与小民争利吗？”“大企业用他们无可匹敌的狼性和富可敌国的资本把升斗小民赖以为生的小生意都抢走，就叫发展吗？社会的进步和发展难道就是钱都被大资本赚走，让无助的个体深陷失业和穷困的泥沼而找不到希望吗？”

作者这站在道德制高点的批判，这充满着温情和关怀的语言，赢来了一片叫好声。甚至我的一些经济学家朋友，也陆续站出来为这篇文字点赞。

无独有偶，在美国和其他西方国家，尤其是疫情以来，人们对亚马逊的网购模式也纷纷提出了批评，对于互联网大企业以及其背后的大资本，也同样提出了质疑。

说实话，这位作者到底是偏爱“社区团购”这样的互联网买菜模式，还是偏爱去他们家旁边的闾巷买他眼中从事“低端行业”的卖菜小贩的菜，并不是一个经济学问题。每一个人都可以有自己的选择，这种选择到底是个人内心的情感所致，还是道德感所致，都无关紧要。

资本也好，企业也罢，他们的目的都是获得更多的财富，在这个过程中使整个社会的产出水平变得更高。在发展过程中，相互竞争的市场主体必然不断摸索最好的生存策略和最佳的竞争手段，这往往会破坏或降低一些现有工作岗位的价值。在“社区团购”购物模式的背后，又有多少互联网工作人员、外卖人员、管理协调人员参与其中，难道这些人就不该有自己的一份工作吗？难道这些人的工作就比那些卖菜小摊贩的工作更罪恶吗？

美国历史上曾经有数万人负责在隆冬季节从北方湖泊切割、储存和运输冰块，如果从这位作者的角度来看这些运冰工人，他们也从事低端行业，也同样非常可怜。又有谁愿意在那么寒冷的季节里，冒着风霜雪雨，在严寒的工作环境里做这样艰苦的工作呢？制冷技术的发明摧毁了这些工作岗位。但在制造、安装和修理冰箱方面，制冷技术的发明又创造了新的就业机会，还有后来在空调方面创造的更高价值的就业机会，这些技术进步创造了更有利于劳动者的工作和生活的条件。

这样的例子比比皆是：钢铁的发明摧毁了石雕匠和泥瓦匠的工作岗位；汽车的发明摧毁了马夫和马车制造商的工作岗位；拉链和尼龙搭扣的发明摧毁了一部分纽扣制造商的工作岗位；电影和电视的发明摧毁了许多巡回演员的工作岗位；合成纤维的发明减少了剪羊毛的人的工作岗位。当飞机超越铁路帮助乘客出行时，铁路部门的部分工作岗位被更有价值的飞行员和飞机维修工程师的工作岗位所取代。

我们不能一边享受技术进步带来的好处，一边轻易地抛洒廉价的同情，收割一批又一批善良的人们所给予的关注和打赏吧 ?!

提高生产率是人皆向往的事情。汽车的生产效率比马车高，制造汽车的工作比制造轻便马车的工作更有价值。对工作岗位的破坏程度越高的行业，创造更有价值的工作的比例也越高。事实上，创造更多有价值的就业机会，也就意味着对其他就业岗位的破坏（价值降低)。

那篇文章的作者还说："按理说，互联网巨头拥有那么先进的技术，那么大的财力，他们应该干一些与科技的未来、人类的前途和命运息息相关的大事才对啊，他们为什么净往这些低端行业冲，难道他们除了赚钱，就没有更大的理想了吗?"

"人类的前途和命运""做大事"，这些字眼多么吸引人们的眼球啊，读起来就觉得荡气回肠。可是谁能告诉我们"与科技的未来、人类的前途和命运息息相关的大事"到底是什么?"按理说"的这个"理"，到底是哪家的"理"?

作为一篇网文，作者这样的文笔以及这样的"逻辑"，是颇为成功的。他不仅抓住了人们对于强者的忌恨心理，也直白地显露出了自己的"仇富"心态。

作者说："这些年，眼见着一个个巨头造就了无数亿万富翁，眼见着富豪排行榜上每一个富豪的身价年年攀升，眼见着富可敌国的富翁带领着他的巨头企业把触角伸向社会的角角落落。"

任何一个社会在发展的过程中都会遇到各种各样的问题。找到问题的根源，寻找可能的解决途径，才是正确的前进方式。如果只是引起群体之间的猜忌，引发彼此之间的怨恨，那么，除了最终所有人都倒退回贫穷的状态之外，几乎没有其他可能性。

在 20 世纪 20 年代的英国，企业家阶层也受到了同样的批判。凯恩斯曾经这样写道："身为企业家，他本是国之栋梁、社会的中流砥柱，未来发展的建设者，不久之前，他的积极活动和所获取的报偿，还得到了宗教上的认可，在所有人和所有阶层当中，他是最受人崇敬和赞许的，被认为是社会不可或缺之人，若对他的行动进行阻挠，必被认定为不但会造成不幸的后果，而且还是一种不敬之举。但是，现如今一切都不一样了，对于他，人人侧目，他自己也感到被人嫉妒、受人攻击，是不公不法的律例之下的受害者，觉得自己也不免有罪，变成了一个投机的奸商。”①

但最终，人们在发泄怨恨之后，又面临什么样的结局呢？凯恩斯继续写道：“繁荣之后是萧条。此时，价格低徊，对那些拥有存货的人来说，所产生的作用与价格上涨时恰恰相反。超过预期之外的损失取代了意外之利得，而这种情况与企业效率毫无关系。当此之时，人人所欲的无不是尽可能地减少存货，这就使整个工业陷入困顿。在这一点上，与过去尽可能地囤积存货的兴奋之状，形成了极为鲜明的对比。失业取代了对暴利的猎夺，成为当下的一个严重问题。”②

当我们为像美国这样的社会在创新方面的突出表现感到钦羡时，当我们对诸如史蒂夫·乔布斯、埃隆·马斯克、杰夫·贝佐斯等伟大的企业家所取得的成就发出由衷的感叹时，还需要知道，他们有一个对创新更为宽容的社会环境，而这个环境促成了他们伟大天赋的实现。

历史的进程不一定充满温情，事实上，历史在创新的驱动下前

---

① [英]约翰·梅纳德·凯恩斯.货币改革略论[M].李井奎，译.北京：中国人民大学出版社，2017.

② 同上。

进时，会造成诸多的社会问题。创新以及效率，不一定是短期内的主要目标。对于它们所造成的社会负面影响，我们的社会也应该充分地予以考虑。毕竟，一个社会，那些在竞争中受到暂时损害的人，是为我们大多数的福利而独自承担了损失。这是一个健康的社会应该考虑并且照顾到的。

但是，从更为根本的群体竞争的角度看，哪个社会对创新者更加宽容，哪个社会就更容易胜出。哪个社会在处理发展与公平的问题上做得更好，哪个社会就更加平稳，即便速度稍微慢一点，只要方向是对的，他们就总能驶向正确的目的地。

2020 年 12 月 2 日星期三

于马萨诸塞州坎布里奇寓所

凯恩斯的智慧

2020年下半年，我在哈佛大学听了一门新课，课程叫“凯恩斯”，上课的教授是已经80多岁的史蒂文·马格林（Steven Marglin）老爷子。12月3日下午，老爷子给我们上了这个学期的最后一堂课，我进入Zoom课堂比较早，只有他和我，于是就和他聊了起来。我特地问马格林教授怎么评价特朗普政府对待中国的态度，马格林教授停顿了一下，说也许可以去读一读凯恩斯在1919年所写的那本《〈凡尔赛和约〉的经济后果》这本书。[①] 我们聊天的时间很短，自然来不及展

① ［英］约翰·梅纳德·凯恩斯.《凡尔赛和约》的经济后果[M].李井奎，译.北京：中国人民大学出版社，2017.

开，但这句话让我陷入了深思。

我之所以向教授提起这个问题，是因为自从 2020 年美国疫情严重起来之后，我很少看到特朗普政府为应对疫情做过什么特别的工作，他和他的同僚只为此找了一个“甩锅”的对象，那就是中国政府。

现在美国朝野上下似乎形成了对中国进行围堵的共识。向来有“中国人民的老朋友”之称的美国前国务卿基辛格表示，中美两国领导人应该建立更好的对话机制，达成“不诉诸军事冲突”的共识，否则，两国之间的碰撞将导致堪比第一次世界大战的灾难性后果。但作出和平呼吁的现年 97 岁高龄的基辛格老先生，却在 11 月 25 日被特朗普政府撤去了美国国防政策委员会成员之职。

特朗普政府的这种拒绝对话的姿态，令人不禁为中美关系的前景感到担忧。在这样的情况下，马格林教授让我去阅读著名经济学家约翰·梅纳德·凯恩斯先生的传世名作《〈凡尔赛和约〉的经济后果》，自然是大有深意。

1919 年，第一次世界大战的硝烟在美国总统威尔逊的“十四点和平原则”的引领下逐渐散去。除了德军撤出俄国领土，归还阿尔萨斯和洛林地区给法国之外，“十四点和平原则”还提出了“无秘密外交”“消除国际贸易壁垒”“平等对待殖民地人民”“民族自决”等原则，被奉为国际理想主义的典范。经历了 1918 年的春季进攻之后，德军伤亡惨重，双方均到了强弩之末难穿鲁缟的地步，再加上当时的“西班牙大流感”，伤亡数以千万计。当此之时，和平的到来几乎是各方都期盼的事情。

德国首先问询威尔逊总统，表示如果接受他提出的“十四点和平原则”，这是否就是停战的全部条件，威尔逊总统对此作出了肯定的答复。就这样，在 1918 年 11 月，参加第一次世界大战的各方达成停战协定。1919 年 1 月，威尔逊总统远涉重洋，来到法国凡尔赛宫，召开了著名的巴黎和会。巴黎和会是获胜的协约国集团为了解决战争所造成的问题，以及奠定战后的和平基础而召开的，但这个会议并没有邀请战败国和中立国。即便是战胜国，一些小国、弱国也没有什么发言权。巴黎和会完全是一个由大国操纵的会议，分别由美国总统威尔逊、法国总理克里孟梭以及英国首相劳合·乔治所主导。中国是第一次世界大战的战胜国，也参加了和会，但巴黎和会无视中国的战胜国地位和诉求，强行把德国在中国山东的特权转让给了日本。

主导巴黎和会的这三位巨头，各自的性格、背景和理想有着显著的差异。在《〈凡尔赛和约〉的经济后果》一书中，凯恩斯对他们三个人有着生动的描述。威尔逊总统是大学教授出身，对于外交事务带着浓厚的理想主义色彩，但并不是手腕高明、反应迅速的外交家。劳合·乔治和克里孟梭则闯荡政坛多年，是处理国际问题的行家里手，是欧洲旧传统下的现实主义者。三个人之间的冲突，代表着理想主义与现实主义的矛盾，也反映了当时人们的一般心理状态。人们一方面渴望世界永远和平，另一方面又深陷于国内的党派斗争和国际的恩怨情仇，有着很强的复仇心理。

由于多年前在德国崛起的战争中落败，法国不得不割让阿尔萨斯和洛林地区，自然心怀怨恨。法国总理克里孟梭在和会上主张严惩德国，经常与威尔逊总统爆发激烈的争论，而劳合·乔治则常常周旋于两者之间，又对法国多有偏袒。

有关这一段，凯恩斯在他描写当时的劳合·乔治首相的文章“劳合·乔治：一个片段”[①] 中有精彩的描述：

> 我们拿凡俗的标准去套首相并不相宜。对于我们时代的这位非凡之人，这个妖姬，这个双腿颀长的行吟诗人，这位从凯尔特那古意盎然、散发着女巫魔力、令人心驰神往的森林来拜访我们这个时代的半人半神的人物，我又该怎样向不了解他的读者传达我对他公正无偏的印象呢？随侍首相左右，我们可以感受到首相对于最终目标的茫然无措，内心深处的不负责任，以及一种外在或远离撒克逊的善恶观的生存方式，同时又杂之以狡黠、毫无同情之念和对权力的热衷。所有这些赋予了这位北欧民间传说中貌似公平的魔术师以魔幻、迷醉和恐怖的气息。威尔逊“王子”远涉重洋，从西方驾着三桅帆船“乔治·华盛顿号”迤逦而来，驶入了巴黎这座魔力四射的城堡，要把拥有永恒青春与美貌的少女欧罗巴——兼具这位“王子”的母亲与新娘的双重角色，从束缚和压迫以及一个古老的诅咒中解放

① John Maynard Keynes, *The Collected Writings of John Maynard Keynes* [10]- Essays in Biography, Cambridge University Press, 2012.

出来。城堡里住着一位百万岁高龄、面如羊皮纸般的老国王，陪伴在他身旁的是一位弹着竖琴的销魂女郎。她轻启朱唇，唱的正是王子所写的歌词，她歌声婉妙、妩媚动人。只要这位王子能够摆脱在他身上潜滋暗长的麻痹症，在胸前画着十字向上帝祷告，伴随着万钧雷霆和玉石崩裂之声，这座城堡将逐渐隐去，魔术师消失无踪，欧罗巴会投入他的怀抱。但在这个童话故事里，那半个世界的力量取得了胜利，人之魂臣服于地之精。

这篇文章本来收入了《〈凡尔赛和约〉的经济后果》一书，但在凯恩斯母亲的建议下在出版时删除了，直到 10 多年后才重新收录于《传记文集》中出版。

最终，在 1919 年 6 月 28 日，经过长达 7 个月的谈判，各方在巴黎凡尔赛宫签署和约，标志着第一次世界大战正式结束。这一和约迫使德国承认发动战争的全部责任。与会各方不但限制了德国的军事能力，使其割让领土，还迫使他们支付巨额的战争赔款。战争赔款数额之高，德国经济根本无力负担。梅纳德 · 凯恩斯作为英国财政部的首席谈判代表参与了巴黎和会，但他对于《凡尔赛和约》极为不满。他反对严惩德国，认为欧洲的经济是一体的，德国衰败，法国和英国的经济断难一枝独秀。同时，他还希望美国能够取消协约国之间的战争借款，挽救欧洲文明。在《凡尔赛和约》即将达成之际，凯恩斯看到自己的建议被全然无视，愤而辞职。在回到家乡之后，他奋笔疾书，仅用 3 个月就写出了这本迄今仍在被不断提及的名篇——《〈凡尔赛和约〉的经济后果》。

凯恩斯的这些事后被证明极为有利的应急之法，在当时却被批评为对敌人滥施同情之心，而事实上，凯恩斯真正着眼的乃是整个欧洲的复兴与健康发展。

凯恩斯这样批评法国："然而，法国的根本利益全被那群围绕在克里孟梭先生周围的人给背弃了。他们厚颜无耻地夸大那些已成瓦砾的地区之重要性，使得法国对这些地区在道德上的权利大受贬抑。他们钟情于这样一种协议，它可以使德国人所应支付的账单在总额上大大地膨胀起来，以至于到了德国人民压根儿付不起的地步。""由于那一派愚蠢的贪婪之相，法国又失掉了外界对它的同情之念，这些人既未能以法国的那些赔款要求作为担保而获得一笔贷款，也未能解决协约国内部的债务。法国在巴黎和会上的这些代表们，牺牲了自己国家的一切切实的利益，为的只是换取一些虚无的承诺，正可谓'慕虚名而处实祸'，此智者不为也，而这些承诺，若非发生什么难以预测的意外之事，是压根儿不可能实现的。此等情况，协议双方都是知晓的，这些承诺根本不值得写入和约的文件之中。"

凯恩斯对法国政府苦口婆心的劝谏，都被当成了耳旁风，凯恩斯这样写道："我所主张的政策，对于法国实际上的物质利益之争取，要远胜于《凡尔赛和约》中空无一物的虚幻之念。而且我寻求各国人士的认同，根本上出于整个欧洲的休戚与共，是为了所有人的真正安全来加以考虑的。如果法国自己的财政已然处在崩溃的边缘，如果它自甘在精神上与其友邻相孤立，如果流血冲突、悲惨境遇和偏执狂热遍布莱茵河以东的两片大陆，就凭法国在莱茵河岸边的几个守卫岗哨，就真的可以安享太平吗？”

至于《凡尔赛和约》带来的所谓20年和平，则正如法国陆军元帅斐迪南·福煦（Ferdinand Foch）的名言：“这不是和平，这是20年的休战。”20年后，欧洲重燃战火，全世界被拖入了更为惨烈的第二次世界大战。而法国，在希特勒的铁蹄下，亡国之速史所罕见。

国与国之间拒绝沟通，带给这个世界的永远是战争和杀戮。

或许，这就是马格林教授让我重温凯恩斯这部经典之作的深意吧。

2020年12月11日星期五

于华盛顿特区

Ⅵ ／ 告别美国

阿尔比恩的种子：告别马萨诸塞

1629 年 6 月，正当英格兰鲜花盛开之际，一艘名叫“塔尔博特和幼狮号”（Talbot and Lion’s Whelp）的大船向新大陆迤逦而来。在呼啸的寒风中，来自英国的疲乏的旅行者靠近了纽芬兰口岸。在冰冷的海水中，他们小心翼翼地绕过一座巨大的冰山，紧接着发现蓝色的大西洋洋流咆哮而至。

那洋流看起来像冰雕的山峦，闪耀着雪一样洁白的光芒，它高悬在大船的上空，把大船映照得如此渺小。船上的人们满怀恐惧，在雾夜中穿行，流冰不停刮擦着脆弱的船体，使得船上的鼓声显得越发哀伤。

几天之后，天气转暖，人们重新打起精神。大船绕过安角进入马萨诸塞湾后，他们突然看见岸上植被繁茂、树木参天。于是，这群旅行者决定在这里建立他们的新家："繁茂的绿树覆盖了大地，黄色的鲜花涂抹了海洋，我们迫切地想要见到新英格兰的新天堂，繁荣的未来正向我们敞开怀抱。"①

虽然 1620 年"五月花号"就已经在马萨诸塞州的科德角登陆，但英国人真正大举移民马萨诸塞州所在的新英格兰地区，却是在 1629 年到 1640 年这 11 年间。在这 11 年里，大约有 8 万名英国人离开了自己的家乡。大迁徙的人们并不是受到了新大陆的吸引，而是因为自己的祖国——英国——的局势让人难以忍受。从 1629 年到 1640 年，正是历史学家所谓的"十一年暴政"时期。在这一时期，英国国王查理一世绕开议会进行统治，坎特伯雷大主教在英国圣公会大肆清洗清教徒，同时，这 11 年又恰逢经济萧条，传染病到处流行，所有这一切迫使部分英国人离开自己的祖国，迁徙到其他地方去。

这 8 万英国人中，有大约 2 万人移民到了爱尔兰，2 万人去了荷兰和德国的莱茵兰（今德国莱茵河中游地区），2 万人去了西印度群岛。最后 2 万人选择了到马萨诸塞州定居，正是他们种下了北美文明的种子。1640 年之后，新英格兰地区的大移民潮戛然而止，甚至还有回流，因为不少马萨诸塞州的新教徒返回英国参加内战。这 2 万迁徙到马萨诸塞州的移民成为美国洋基人（美国东北人的别称）开枝散

① ［美］大卫・哈克特・费舍尔．阿尔比恩的种子：美国文化的源与流 [M]. 王剑鹰，译．桂林：广西师范大学出版社，2018.

叶的根基。1700年，他们的总人数达到了10万，1800年超过了100万，1900 年达到了 600 万，如今已经超过 2000 万。所有这些人口，都是在 1629—1640 年来到马萨诸塞州的 2 万多英国人的后代。

阿尔比恩（Albion）是最早有记录的不列颠的名字。在公元 6 世纪，不列颠在希腊被称为“阿尔比恩岛”，这一叫法延续了 1000 多年。到了 19 世纪，浪漫主义诗人用阿尔比恩作为英格兰的华丽代称，而忽略了不列颠，而其实，后者才是这个词的原始含义。

马萨诸塞州是阿尔比恩的第一块美洲播种地。马萨诸塞这个地名来自早期英国殖民地时代的一个位于此地的印第安部落的名字，原本的意思是“一片很大的山坡地”。虽然现今美国人口中只有不到 20% 的人的祖先是英国人，但从文化意义上说，大多数美国人都是阿尔比恩人的后代。在 1629 年到 1775 年这近一个半世纪的漫长时期内，先后有四波讲英文的移民迁徙到现今的美国领土上居住。第一波就是上述在 1629 年到 1640 年从英格兰东部逃到马萨诸塞州的清教徒。第二波是在 1642 年到 1675 年从英格兰南部移民到弗吉尼亚州的一小群忠诚于王室的精英分子和他们的契约仆役。第三波是在 1675 年到 1725 年从英格兰中北部和威尔士迁徙到特拉华山谷的移民。第四波是在 1718 年到 1775 年大约半个世纪的时间里从北不列颠和北爱尔兰的边境迁徙到阿巴拉契亚山脉周边的移民。这些移民基本上都是英国新教徒，大多数遵循英国法律，崇尚英国式的自由观念。他们奠定了美国这个新世界的不同地域文化的基础。

第一波移民者的子孙很快从马萨诸塞州向外扩展，他们占据了新英格兰南部的大部分地区，以及新泽西州东部和纽约州北部等地区。19 世纪，他们的子孙向东迁徙到缅因州，向北来到了加拿大，向西直达太平洋。一路上，他们奠定了许多城市的根基，包括布法罗、克利夫兰、芝加哥、圣保罗、丹佛、西雅图、旧金山和盐湖城。

移民潮的起因首先是英国基督徒的宗教运动，他们力图在美国建立一个新世界。来到马萨诸塞湾区的定居点，这些基督徒表达了一种与众不同的宗教观念，他们想要建立一个“圣经共和国”，要成为全人类的典范。正如后世的新英格兰学生被要求背诵的约翰·温斯罗普（John Winthrop）的那篇著名演说所述：“我们将成为山巅之城，所有人的目光都将注视我们……全世界都将传扬我们的故事和格言。”[①] 当年，温斯罗普购买了英国新成立的马萨诸塞公司的股票，举家搬到马萨诸塞州，他本人也被选为这块殖民地的总督。

新英格兰地区最显著的环境特征就是冷，两三百年前，马萨诸塞地区比现在还要冷得多，清教徒到来的时候，正是气候学家所说的“小冰期”。但是，过了几年人们才发现，这种寒冷的气候其实是一种优势。对于从北欧过来的定居者来说，这种气候创造了一种有利于保持健康的环境。南方的定居点容易出现的那些由虫子传播的疾病，如疟疾、黄热病等，在这里要少得多。像伤寒、痢疾等经由水源传播的传染病，也因为马萨诸塞湾区的严寒而大大减少。总体而言，马萨诸塞地区的死亡率要比西方大多数地方低得多，更是远远低于其他的一

① John Winthrop, “A Modell of Christian Charity Written on Board the Arrabella on the Atlantick Ocean”, Winthop Papers, II, 282-295.

些殖民地。

也许，这种严寒所创造的适宜殖民者生存的环境，对于从制度层面推动地区的经济发展是一大有利条件。2001 年，麻省理工学院的著名经济学家阿西莫格鲁与他的合作者在顶级经济学杂志《美国经济评论》上发表了一篇题为“比较发展的殖民起源：一项经验研究”的文章。[①] 文章从欧洲殖民国家的制度差异入手，巧妙地引入殖民者的死亡率作为工具变量，分析估算了制度对经济增长的因果性影响。

他们的理论有三个基本前提：第一，不同类型的殖民政策会创设不同的制度体系。一个极端情况是，欧洲殖民者建立的是一套榨取型经济制度，目的只为尽可能地榨取殖民地国家的各种资源。其中最具代表性的就是比利时对非洲刚果王国所施行的殖民统治政策。这些制度既不会对该地区的私有财产提供多少保护，也不对政府的剥削行为进行政策上的平衡和校正。榨取型的殖民策略，目的就是尽可能多地把殖民地的资源转移到母国。但这只是一种极端情况，更多的欧洲国家则是选择向殖民地移民，并在当地定居，在殖民地复制母国的经济制度，创造出一个翻版的“新欧洲”来，这是一种移植型的殖民策略。这些定居到殖民地的殖民者对私有产权的保护非常在意，大多会对政府的权力进行限制。这样的例子有很多，例如澳大利亚、新西兰、加拿大和美国等。

---

① Acemoglu, Daron, Simon Johnson, and James A. Robinson. 2001. “The Colonial Origins of Comparative Development: An Empirical Investigation.” *American Economic Review* 91 (5): 1369–401.

第二,一个地区是否适合欧洲殖民者生活，会极大地影响殖民者是对该地区采取榨取型的殖民策略，还是移植型的殖民策略。如果殖民地非常不适于殖民者生存，比如疾疫横行，或者是当地土著反抗激烈，极端仇视殖民者，都可能导致欧洲殖民者在这些地区生存艰难，死亡率大大提高。而越不适宜生存的地区，欧洲殖民者定居下来的愿望越低，移植本国制度的积极性也就越低，因此他们就更有可能建立榨取型的经济制度。

第三，殖民地的经济制度和国家治理模式在独立之后仍然得到了延续。

从历史资料上看，这三个前提都站得住脚。有了这三个前提，阿西莫格鲁等人把第一代殖民者在殖民时期的死亡率作为这些国家当前制度的工具变量，估计出了像来自阿尔比恩的移民一样带来的制度移植和扩展，对经济增长所产生的影响。

现在，我们来捋一捋阿西莫格鲁的研究的逻辑线：殖民者在殖民地的死亡率会影响他们是否选择在当地定居下来的意愿。而定居与否，会影响殖民者在殖民地建立榨取型经济制度还是移植对本地经济发展更有利的母国的经济制度，这种经济制度的选择又会影响殖民地国家独立后的经济制度的形成与延续。最后，这些国家的经济制度会影响它们的经济表现。

这样的解释总是给人一种这样的感觉，就是这些殖民者代表着文明的方向，是他们推动了北美的经济发展和文明开化。这又让我想起马萨诸塞这个印第安部落的名字。历史发展到今天，我们在马萨诸塞已经找寻不到这个印第安部落了，而美洲曾经的主人——印第安人，在阿尔比恩的移民不断扩散的过程中，也变得越发衰微。

第一批抵达马萨诸塞定居点的殖民者，因为受到了印第安部落的热情帮助而度过了迁徙后的第一个寒冬，还特意创造了一个节日——感恩节。著名历史学家许倬云先生谈起这段往事，却激愤地写道："感恩节，说穿了，是一个忘恩的节日。"

离开住了一年的波士顿，离开由第一波英国移民中的牧师约翰·哈佛创建的哈佛大学，再回首去看这片土地，在发思古之幽情的同时，我也不禁感叹历史的无常。

2021 年 1 月 5 日星期二

于纽约假日连锁酒店约翰·肯尼迪国际机场店

在纽约与美国说再见

现在是美国东部时间上午 10 点半，我正坐在纽约肯尼迪机场的大厅里等待值机。大厅里空空荡荡，零星有几位旅客，随处可见纽约这个大都市的国际化特征。即便是这样，整个机场的中国元素也仍然非常显眼，一抬头，就看见中国义乌小商品市场的巨幅广告赫然悬挂在眼前。

就在前天，也就是 2021 年 1 月 4 日，住在波士顿的司机师傅凌晨 4 点多出发，接上我和另外两位在马萨诸塞总医院和波士顿儿童医院访学的同胞，开上了前往纽约的高速公路。司机师傅姓伊，4 年前从福建来到波士顿，如今已经在波士顿中国人聚居的昆西地区买了房子，他虽然才30出头，却已经是三个孩子的父亲。

一路上，我和他有一搭没一搭地聊着他在美国的生活，他说："咱们中国人在美国生活，就是两个字，无聊！每天一到晚上五六点，天一黑，大家就各回各家，准备上床睡觉了，哪里像中国，可以出门逛商场、吃夜宵。在美国，除了挣钱多一点，生活真是无聊极了。"

虽然伊先生对美国的生活作出了这样的描述，但他仍然很享受。他说："在美国，你只要踏实肯干，肯定是饿不着的，还能生活得不错，但要是想发什么横财，突然暴富，那机会也不多。美国做事有法律，人与人之间比较单纯，适合像我这样的人。"

"谁不希望人与人之间单纯一点呢！"我心里嘀咕着，昏睡了过去。

等我再睁开眼的时候，伊先生用手一指说："喏，这就是纽约。"

我急切地向外张望。我读过许多中国人所写的关于纽约的书，一时间，那种诗化的浪漫，那种历史的雄浑，还有自由女神像散发出来的无穷魅力，都涌入了脑海。

然而，我对自己看到的一切感到失望。在驶向纽约曼哈顿法拉盛地区做核酸和IGM检测的诊所的路上，我看见到处是乱扔的垃圾，道路不甚平坦，房屋也不整齐。一进入法拉盛地区，我感到就像突然来到了中国二三线城市的郊区，或者一个偏远的小县城。

伊先生说："纽约曼哈顿有几个街区是被华人'占据'的，还有几个是墨西哥人以及非裔美国人的，要去白人聚居的地方，得再过几个街区。"

这就是我看到的纽约的第一眼。可惜，由于处在疫情期间，不能到处走动，这也就意味着，这将是我看到的纽约的全部了。

在我的阅读体验中，纽约可不是这个样子的。

寓居纽约十余年的画家陈丹青先生当年写《纽约琐记》[①]，在序言中提道："从国外回转来的各种'讯息'有时也真像玩笑。譬如说吧，我要是在自由女神像跟前留个影，再真实不过了。寄给亲友去，亲友压在玻璃板下面，从此每一看到，只见到美国的那个我一年四季不分昼夜站在女神裙下开口笑。不是吗？抵赖不了的。可我回国偶或瞧见这类相片，就觉得那是另一个人，同我并不相干，那只是镜头快门将我与雕像悄然扣留的一瞬：1/125 秒。"我那时候读了这段，并没有多少感觉，只觉得陈先生这本书，是关于艺术和生活的琐忆的，与纽约没有太大关系。但是，若拿掉"纽约"两个字，改为"艺术生活琐记"，我估计大多数人就失去了阅读的兴趣。至少，我就是这样。"纽约琐记"，多么迷人。

我来美国之前，读过不少林达夫妇写的美国观察系列作品[②]，还有刘瑜女士写的美国生活记录。[③]这些前辈都是文字方面的高手，遣词造句，烘云托月，生生为我们造出了一个美国印象。

---

① 陈丹青．纽约琐记 [M]. 桂林：广西师范大学出版社，2007.

② 林达．历史深处的忧虑：近距离看美国之一 [M]. 北京：生活·读书·新知三联书店，1997. 林达．总统是靠不住的：近距离看美国之二 [M]. 北京：生活·读书·新知三联书店，2004. 林达．我也有一个梦想：近距离看美国之三 [M]. 北京：生活·读书·新知三联书店，2004.

③ 刘瑜．民主的细节 [M]. 上海：上海三联书店，2009. 刘瑜．送你一颗子弹 [M]. 上海：上海三联书店，2010.

再看看木心先生笔下的纽约哥伦比亚大学："雕像的座子下刚开过音乐会，椅子、几件不怕曝晒的乐器，歪斜着（晚上还有一场），纸片、食品袋、饮料的空罐，疏落有致地散在层层石级上，风能吹得动的，便飘起、滚转，停一停，又飘、又滚……哥伦比亚大学似乎很疲倦，这是不足为凭的戋戋表象，它的内核总还在兴奋滕旋，一幢幢大楼都是精神的蜂房，地下还有好几层建筑，四通而八达，如此则上上下下，分析、计算、推测、想象，不舍昼夜，精神的蜂房、思维的磨坊、理论和实验的巫厨。"[①] 你看看，写得多美，连垃圾飞扬也写得那么富有诗意，这便是文人眼中的纽约了。

但这不是伊先生眼中的纽约，不是因为疫情羁縻他乡的归国游子眼中的纽约，也不是往返于中美之间的生意人眼中的纽约。

纽约的传奇历史，是从 1626 年荷兰人以相当于 24 美元的代价，从印第安人手里买下曼哈顿开始的。

自荷兰东印度公司的亨利·哈德逊（Henry Hudson）1609 年首次抵达曼哈顿到今天已有 412 年。1626 年，"阿姆斯特丹徽章号"（Arms of Amsterdan）抵达了曼哈顿，他们从印第安人那里以 60 荷兰盾的代价购买了"曼哈特岛"（Manhattes）。所谓的 60 荷兰盾，相当于当时的 24 美元，而所谓的购买所有权，其实是很值得争论的，争论的焦点在于荷兰人和印第安人对土地所有权的观念有着重大的差异。无论荷兰人认为这笔交易多么公平合理，在印第安人看来，土地

① 木心 . 哥伦比亚的倒影 [M]. 桂林：广西师范大学出版社，2006.

是公有的，谁都可以使用。印第安人很可能不是得到了金钱，而是得到了相当于 60 荷兰盾的锄头、布匹之类的物品。在他们看来，这些物品就是白人在这里逗留的善意表示，他们根本没想到，从此曼哈顿再也没有了他们的份儿。早在 1625 年，荷兰人就开始在曼哈顿岛上兴建阿姆斯特丹堡，后来，这里被称作"新阿姆斯特丹"。①

在 39 年后的 1664 年，新尼德兰总督向英国人投降，把新阿姆斯特丹拱手让出，英国人随即将此地更名为"New York"（新约克），这就是纽约这座城市的名称来源。

纽约一直是各方移民到达美国的第一站，尤其是曼哈顿地区，历来就是一个移民聚集区。但是，这里也在一代又一代地变换着主人。荷兰人、英国人、犹太人、爱尔兰人，他们纷至沓来，一批批坐船来到这里打拼生活。在逐步站稳脚跟、生活富裕之后，他们又开始向西迁徙，把这个拥挤而又肮脏的地方让给新移民。如今，这里轮到华裔、墨西哥裔、印度裔以及非裔美国人了。

纽约是一本大书，当然，美国更是。一代一代的人，无论是英国人、荷兰人，还是今天的华人、墨西哥人、印度人，他们来过，奋斗过，然后缓慢地汇入一条生命的洪流中去。

今天是我在美国的最后一天。站在纽约回头去看这个国家，我感受到的是人类这个物种的神奇。

在约 7 万年前，智人最后一次从非洲走出来，他们打败了尼安德

---

① 张北海．一瓢纽约 [M]. 上海：上海人民出版社，2015.

特人和直立人等其他人属物种，统治了这个世界，成为霸主。智人的足迹遍布世界，差异极小的不同群体，最终形成了今天差异巨大的分属不同文化和国家的庞大群体。

对于人类的命运，以及各个文化族裔的明天，或许造物主并未设定终极的演化方向。虽然每种文化都号称自己代表着人类的未来，但这个世界从来都是浑浊地轰隆向前的，所有先知的预言最后都落了空。

从这个意义上讲，我看到的纽约和美国，未必是不真实的。就像木心先生和林达夫妇眼中的美国，也未必是不真实的。

它们都是真实的，这才是这个世界有趣的地方。

再见，纽约！再见，美国！

2021 年 1 月 6 日星期三

于纽约约翰·肯尼迪国际机场候机大厅

写在归国隔离结束之日

现在是北京时间 1 月 21 日早上 8 点，美国东部时间 1 月 20 日晚上 7 点。今天是我归国后的第 14 天，也是我即将解除隔离的日子。再过 3 个小时，我太太就会驱车赶到我所在的浙江海宁的隔离酒店接我回家。而太平洋彼岸的美国，刚刚在 7 个小时前完成了总统交接仪式。当然，卸任总统特朗普没有参加新总统拜登的就职仪式，一大早，他就乘坐“空军 1 号”飞回了他在佛罗里达州的家。

1 月 6 日中午，我刚刚登上回国的飞机，在美国的好几位朋友就发来了消息，问我可看到新闻，还没等我去查询当日的最新信息，飞机就已经准备起飞，我不得不先关了机。在经历一天的飞行之后，飞机降落在上海浦东国际机场，时间是北京时间的 1 月 7 日傍晚。在等待核酸检测的这段时间，我才看到，原来美国首都华盛顿在前一天发生了一场“史无前例”的骚乱。

大选之后，特朗普始终不肯接受败选的结果，一直在社交媒体上表示，要推翻大选结果。1 月 6 日，美国国会即将确认大选结果，正式宣布下一任美国总统的人选。在如此关头，疯狂的特朗普决定最后一搏。

1月6日这一天，数千名特朗普的支持者从各州涌向首都华盛顿，车队绵延数十公里。在美国国会启动确认程序之后，特朗普的支持者开始围攻国会大厦。有的支持者徒手翻过国会围墙，有的朝警察喷射化学刺激物，最后双方发生了武装对峙。整个骚乱过程中有 6 人死于非命，后来还有一名在这场骚乱中遭到抗议者攻击而受重伤的国会警察不治身亡。这场冲击美国国会大厦的事件，最终被定性为暴乱。这也是自1814年英国人在“1812美英战争”[①]期间纵火焚烧华盛顿以来，美国国会大厦首次遭到冲击。

更令人惊诧的是，就在特朗普的支持者大闹国会的时候，特朗普为了鼓动粉丝闹事，竟然还发表了一个小时的演讲，为这次暴乱推波助澜。而当这次事件被定性为暴乱之后，这位一向看起来很不靠谱的总统还是屈服了，他因为害怕被安上叛国的罪名而

① 1812 年美英战争，又被称为美国第二次独立战争，是美国与英国之间发生于 1812 年到 1815 年的战争，也是美国独立后的第一次对外战争。

选择了退缩。到了 1 月 7 日，特朗普开始怒斥前一天还被他称为“爱国者”的人，同时表示支持新政府接任。1 月 13 日，美国国会众议院表决通过针对总统特朗普的弹劾条款，指控他“煽动叛乱”。不管这场弹劾能否成功，特朗普都将成为在任内两次遭到弹劾的美国总统。①

特朗普总统不断刷新着美国民主制的下限，不断地作出各种让人惊掉下巴之举，这也让我们陷入了深深的思考之中。

1992 年，曾经的哈佛大学政治学博士，当时还寂寂无闻的日裔美籍学者弗朗西斯·福山，写了一本名噪一时的著作——《历史的终结及最后之人》②，从此名扬天下。当是时也，“冷战”已经结束，柏林墙倒塌，东欧剧变，狂乱的 20 世纪正在趔趔趄趄地走向终点。福山在这本书里告诉我们，资本主义社会自由民主体制取得了最终的胜利，历史终结了。他认为，科学求真逻辑和寻求平等认同这两大历史力量，推动各族人民在不同社会建立起奉行开放市场的自由民主政体，天下已经太平，我们只需要思考如何让生活在这样的社会中的个人得到完全的满足就可以了。

福山对这些问题的思考当然很深刻，但近 30 年的人类历史告诉我们，在这个通信技术和社交媒体获得大发展的时代，福山的预言显然没有实现。反观 2020 年的西方世界，尤其是叠加了新型冠状病毒

---

① 2021 年 2 月 13 日，美国国会参议院投票否决了针对特朗普的弹劾条款。

② [美] 弗朗西斯·福山 . 历史的终结及最后之人 [M]. 黄胜强，徐铭原，译 . 北京：中国社会科学出版社，2003.

肺炎疫情和总统大选的美国社会，让我们不得不对福山当年的断言打上一个大大的问号。

面对这样的结果，福山近日在接受《观点报》采访时不得不重新对自己的理论做一番修正。他坦率地承认，中国在这次疫情的处理上表现非常出色，但他把这次疫情中各国的表现归因为国家能力的强弱，而非制度上的优劣。所谓国家能力，乃是一种去意识形态化的行政管理能力，这就使他的谈话避开了制度因素的比较。福山巧妙地躲开了可能面临的尴尬境地，但这显然不能解答当前存在的问题。

福山在他的著作中，总结的是第二次世界大战后 50 年的经验，但这 50 年的经验，尚不足以推及之后的全部人类时空。在我看来，任何一个社会，都会面临它那个时代的问题，绕不开它那个时空阶段的限制条件，所以，组织社会的制度与方法也就需要因时、因地制宜。自从约 7 万年前，智人最后一次走出非洲到今天，我们的祖先一直在摸索最佳的生存方式。智人超越了先前的基因演化，进入了文化演化阶段。也就是说，在智人遍及全世界之后，各个不同的地区和历史阶段，开始发展出不同的文化，这些文化就包含着各种不同的社会制度和组织方式，它们在历史的时空中不断生长、不断适应，也不断消亡、不断重生。

数千年以来，古希腊、古罗马、古埃及、古印度、古中国，文明兴也勃焉，亡也忽焉。自近代以来，葡萄牙人、西班牙人、英国人、法国人、德国人、苏联人、美国人、日本人，你方唱罢我登场，历史的天空几经转换。如今，轮到更多发展中国家的人们登上这个历史的大舞台了。我们为什么就不能想象，他们的到来是在丰富着智人的实践，而不是在摧毁什么珍贵的传统呢？

从这个角度再回过头来看美国，我们就会觉得，美国这 200 多年的历史，就像是人类制度与人性的一个大试验场。我们不必去美化什么，更没有必要去神化什么。我们应该静静地观察，大度地吸纳，以“包举宇内，并吞八荒”的气魄，以“笼天地于形内，挫万物于笔端”的雄心，从历史的杳渺，看向未来的幽深。一旦有了这样的气魄，这样的雄心，我们就超越了凡俗之见，超越了左右之争，超越了时代，也超越了历史。

历史的车轮滚滚向前，我们也在不断创造着历史。知识分子喜欢向后看，我却希望大家都能向前看。不要排斥新的事物，要相信人心中那些看似微弱的光，它们终将开拓出一片新的天地！

老子云：“天地不仁，以万物为刍狗。”[①] 人们在看待历史、看待社会、看待中美两国时，都往往怀有某种感情。但其实，冷静的老子早就告诉我们，天地变化之道从来没有感情，就像达尔文在《物种起源》[②] 中告诉我们的道理：演化，没有方向！既然如此，我们又何必庸人自扰，放缓脚步，耽误手中的事务呢？

就在我如此这般浮想联翩之际，检疫人员来敲门了，我要做回

① ［魏］王弼注，楼宇烈，校释 . 老子道德经校释 [M]. 北京：中华书局，2008.

② ［英］达尔文 . 物种起源 [M]. 周建人，叶笃庄，方宗熙，译 . 北京：商务印书馆，1995.

家前的最后一次核酸检测了。一想到我太太马上就要来到，我很快就要见到阔别一年多的亲人，我的心里一阵阵发热。好了，就这样吧！

再见，我的朋友！我们疫情之后再见！

2021 年 1 月 21 日星期四

于浙江嘉兴海宁隔离酒店

后 记

2020 年暑期，正值新型冠状病毒肺炎疫情肆虐之际，当腾讯新闻的编辑老友得知我正在哈佛大学访问，便邀请我写一个美国观察专栏时，说实话，连我自己都觉得不靠谱。

我读过不少关于美国社会与政治观察的书，其中最著名的当然要属林达、刘瑜等几位老师的著作，与这些曾旅居美国多年的前辈相比，我来美国的时间实在不值一提。除此之外，长期生活在中国内地，我对美国的许多认识也都停留在纸面上和想象中。即便来到美国之后，在疫情暴发之前，我也不是非常关心美国政治和美国社会的。这种不关心不是因为我没有兴趣，而是我自认为已经对它非常了解了。然而，随着新型冠状病毒肺炎疫情暴发、中美冲突、美国大选等事件的发展，我开始对我原来的美国印象产生怀疑，感觉美国对于我而言越发陌生了。

编辑老友似乎早知道我会有这样的反应，她继续说："我们这边写专栏的，有不少是移居美国多年的，也有不少是在内地这边隔岸观察的，但就是少了你这样一位，常年居住在中国内地，刚刚到美国，同时又幸运或不幸地遭遇了2020年这么多事儿的人。我觉得你来写最合适不过了。”

坦率地说，老友的这番话是说动了我的。

美国是一头大象，我们每个人都在试图从自己的视角去理解它。在理解它的过程中，个人的知识存量、人生体验、利益立场，都会影响到我们对美国这个庞然大物的认知。我也不例外。为什么我不能把我的一些困惑和认知展现出来，供大家一起来思考和批评呢？

于是，在哈佛大学访学之余，我开启了自己的美国观察之旅。每周两篇，把自己认识到的美国社会，以及自己感到困惑的问题，一一呈现出来，一直写到隔离结束回到家里。我很感谢能获得这样的机会，因为写作的过程的确让我对美国的认知加深了许多。

这些专栏文章在腾讯新闻和财新网专栏上推出后，我都会转发到我的朋友圈里。朋友圈有不少在美国留学的朋友，纷纷发消息告诉我，读了我的文章很有启发，也多有来与我共同讨论的。此外，也有一些寓居美国多年的朋友，对有些文章提出批评，对于这些批评，我从来都不回避，也都一一晒在朋友圈里，帮助大家认识我提出的问题以及我所提供的思考角度。正是这样开放的态度，既让我收获了友谊，也让我学会了从不同的人、不同的立场以及不同的人生体验的视角去理解美国社会。

真正认识一个现实生活中的人，都常常难倒我们，更何况是偌大一个美国。美国社会的复杂程度远远超出我对它的所有想象，所以，我在整个专栏写作过程中，时刻在提醒自己冷静观察，认真思考，多方学习，在落笔时也常常告诫自己：“你或许做不到上帝视角下一览无遗的描述，但一定要对自己真诚，确保每一个字都是自己内心真实的想法。”

于是，就有了这本历时近 5 个月写出的《在哈佛看美国》。正如我在 9 月初正式落笔时写的那句话：“它不一定是完美的，但一定是真诚的。”

谨以此书献给对这个世界充满好奇的朋友！希望这些思考能够为你认识美国提供一些新的角度，以及一些新的认知。

2021 年 3 月 31 日星期三
于浙江大学之江校区人文高等研究院 2 号别墅

未来，属于终身学习者

我这辈子遇到的聪明人（来自各行各业的聪明人）没有不每天阅读的——没有，一个都没有。巴菲特读书之多，我读书之多，可能会让你感到吃惊。孩子们都笑话我。他们觉得我是一本长了两条腿的书。

——查理·芒格

互联网改变了信息连接的方式；指数型技术在迅速颠覆着现有的商业世界；人工智能已经开始抢占人类的工作岗位……

未来，到底需要什么样的人才？

改变命运唯一的策略是你要变成终身学习者。未来世界将不再需要单一的技能型人才，而是需要具备完善的知识结构、极强逻辑思考力和高感知力的复合型人才。优秀的人往往通过阅读建立足够强大的抽象思维能力，获得异于众人的思考和整合能力。未来，将属于终身学习者！而阅读必定和终身学习形影不离。

很多人读书，追求的是干货，寻求的是立刻行之有效的解决方案。其实这是一种留在舒适区的阅读方法。在这个充满不确定性的年代，答案不会简单地出现在书里，因为生活根本就没有标准确切的答案，你也不能期望过去的经验能解决未来的问题。

而真正的阅读，应该在书中与智者同行思考，借他们的视角看到世界的多元性，提出比答案更重要的好问题，在不确定的时代中领先起跑。

湛庐阅读 App：与最聪明的人共同进化

有人常常把成本支出的焦点放在书价上，把读完一本书当作阅读的终结。其实不然。

时间是读者付出的最大阅读成本

怎么读是读者面临的最大阅读障碍

“读书破万卷”不仅仅在“万”，更重要的是在“破”！

现在，我们构建了全新的“湛庐阅读”App。它将成为你“破万卷”的新居所。在这里：

- 不用考虑读什么，你可以便捷找到纸书、电子书、有声书和各种声音产品；
- 你可以学会怎么读，你将发现集泛读、通读、精读于一体的阅读解决方案；
- 你会与作者、译者、专家、推荐人和阅读教练相遇，他们是优质思想的发源地；
- 你会与优秀的读者和终身学习者为伍，他们对阅读和学习有着持久的热情和源源不绝的内驱力。

下载湛庐阅读 App，
坚持亲自阅读，
有声书、电子书、阅读服务，
一站获得。

本书阅读资料包

给你便捷、高效、全面的阅读体验

本书参考资料

湛庐独家策划

- ✔ 参考文献
  为了环保、节约纸张，部分图书的参考文献以电子版方式提供
- ✔ 主题书单
  编辑精心推荐的延伸阅读书单，助你开启主题式阅读
- ✔ 图片资料
  提供部分图片的高清彩色原版大图，方便保存和分享

相关阅读服务

终身学习者必备

- ✔ 电子书
  便捷、高效，方便检索，易于携带，随时更新
- ✔ 有声书
  保护视力，随时随地，有温度、有情感地听本书
- ✔ 精读班
  2~4周，最懂这本书的人带你读完、读懂、读透这本好书
- ✔ 课　程
  课程权威专家给你开书单，带你快速浏览一个领域的知识概貌
- ✔ 讲　书
  30分钟，大咖给你讲本书，让你挑书不费劲

湛庐编辑为你独家呈现
助你更好获得书里和书外的思想和智慧，请扫码查收！

（阅读资料包的内容因书而异，最终以湛庐阅读App页面为准）

图书在版编目（CIP）数据

在哈佛看美国 ：一位经济学家的观察与思考 / 李井奎著. -- 北京 ：中国财政经济出版社，2022.2
ISBN 978-7-5223-1171-5

Ⅰ. ①在… Ⅱ. ①李… Ⅲ. ①经济－研究－美国 Ⅳ. ①F171.2

中国版本图书馆 CIP 数据核字（2022）第 023408 号

责任编辑：王　飏　　　　责任校对：胡永立
封面设计：张志浩　　　　责任印制：张　健

在哈佛看美国
ZAI HAFO KAN MEIGUO

中国财政经济出版社 出版
URL：http://www.cfeph.cn
E-mail:cfeph@cfemg.cn

社址：北京市海淀区阜成路甲28号 邮政编码：100142
营销中心电话：010-88191522
天猫网店：中国财政经济出版社旗舰店
网址：https：//zgczjjcbs.tmall.com
唐山富达印务有限公司印装 各地新华书店经销
成品尺寸：147mm×210mm　32开　10.375印张　218 000字
2022年2月第1版　2022年2月河北第1次印刷
定价：89.90元
ISBN 978-7-5223-1171-5
（图书出现印装问题，本社负责调换，电话：010-88190548）
本社图书质量投诉电话：010-88190744
打击盗版举报热线：010-88191661　QQ：2242791300